JN160898

帝都東京を中国革命で歩く

Romi Tan
譚璐美……著

白水社

帝都東京を中国革命で歩く

装幀＝矢野のり子＋島津デザイン事務所
組版＝鈴木さゆみ

帝都東京を中国革命で歩く＊目次

Ⅲ　神田

東京一目新図（明治三十年）、番地入東京大地図（明治三十九年）、番地入東京市全図訂正六版（明治四十三年）、早わかり番地入東京市全図訂正第四十六版（大正十一年）からの引用は、東京都立中央図書館所蔵のものを使用した。

はじめに

私の本籍は中国の広東省高明県である。もっとも私は東京生まれなので、実際にそこに住んだことはない。私の父も七、八歳で香港の漢学塾へ入り、広州市にある第一高等学校、国立中山大学へと進んだために、郷里で過ごした時期はそれほど長くはない。当時は中国革命の真っただ中で、十九歳だった父も革命運動にのめり込んで軍事政変に巻き込まれ、すんでのところで命拾いして日本へ脱出した。日本では神田の東亜高等予備学校で日本語を学び、早稲田大学政治経済学部に入学して四年間を過ごした。

戦後、父はずっと日本で暮らし続けたが、私が子供の頃、一度、こんな思い出話をしてくれた。

高校生のとき、孫文の講演会の記録係をしたことがある。最初の日、広東大学の会場に聴衆が入りきらず、外まで熱気があふれていた。孫文は「三民主義」のうち「民族主義」について講演した。二日目には「民権主義」について話したが、聴衆は半分に減った。三日目に「民生主義」を話す日には六、七人になり、居眠りをしている人もいた。僕はずっと下を向いて講演記録をつけていた。突然、孫文が大きな声で「これが民生主義だ、わかったか！」と言いざま、ピストルを取り出してテーブルに叩きつけた。僕はその音に驚いて椅子から転げ落ちた。孫文は「お前らに三民主義がわかるか！」と、怒って出て行ってしまった。

それが父にとっての孫文の思い出だった。私は、孫文は短気な人なのだという印象を抱いた。

あるいは孫文が短気になったのは、苦労したせいかもしれない。「三民主義」を説いても周囲に理解されず、革命を鼓舞しても盛り上がらず、テロリスト扱いされて世界中を逃げ回った。頼みにした華僑からは「孫大砲」（ほら吹き）だと笑われた。清朝政府の大砲は音ばかり大きくて飛距離が短いから、実際には役立たずだというわけだ。そんな日々の中で、一筋の希望の光を与えてくれたのが日本の地だった。

帝都東京で、孫文は日本人のよき理解者と知り合い、亡命生活の面倒をみてもらった。湖南省出身の豪傑の黄興と意気投合し、一九〇五年、革命結社の中国革命同盟会（のち中国同盟会）を結成した。これで革命運動に弾みがつき、中国と海外を連動して本格的な革命が始まり、一九一一年、ついに辛亥革命が成功したのである。

辛亥革命前後の一九〇〇年代初頭から二〇年代にかけて、日本の年号でいえば明治から大正初めの頃、日本には中国人の留学生があふれていた。明治維新を成し遂げた日本はアジアでいち早く近代化を実現した国であり、清国で「日本ブーム」が巻き起こったからである。日本の成功に学ぼうとやってきた留学生は、最も多い時期には一万人近く日本に滞在し、その九割が帝都東京に住んでいたという。

その一方、清朝の若き皇帝・光緒帝を戴いて、衰退の一途をたどる国政を改革しようと試みて失敗した「改良派」の知識人も亡命してきた。

「改良派」の中で、私は梁啓超《りょうけいちょう》が一番好きだ。日本で十四年も亡命生活を送った彼が自分でつけた日本名は「吉田晋」という。尊敬する吉田松陰と高杉晋作をくっつけた名前だ。広東省から日本へ呼び寄せた家族にも日本名をつけている。それほど日本に惚れこんだということだろう。

　やがて孫文や梁啓超の次の時代を担う者たち――中国共産党を作った陳独秀《ちんどくしゅう》や李大《りたい》釗《しょう》、それに周恩来《しゅうおんらい》、李漢俊《りかんしゅん》、董必武《とうひつぶ》といった中国共産党の主要メンバー、魯迅《ろじん》、郭沫若《かくまつじゃく》、郁達夫《いくたつふ》ら文学青年たちも留学生活を送るようになった。

　つまり、二十世紀前半の帝都東京には、多種多様な中国人が集まっていたのである。革命家は日本を出たり入ったり、知識人や学生は最新流行の社会主義思想に関する書物を読みふけり、翻訳や雑誌作りに熱中し、談論風発した。無論、遊びほうけていた学生も少なくない。


　かつて、早稲田界隈にはチャイナタウンがあって、旅館や料理店、床屋の店先に清朝の国旗・黄龍旗が翻っていたという。神田には清国留学生のための日本語学校や留学生クラブがあり、郷土料理を出す食堂があった。神楽坂や飯田橋界隈には、革命家たちが密談を交わした料亭があり、中国同盟会が生まれたのは虎ノ門のホテル・オークラ本館がある場所である。

　今日では東京のあちこちに高層ビルが建ち、高速道路が張り巡らされて、かつての風情は薄れた感がある。しかし、土地にはその土地独特の個性がある。丘陵や盆地、河川や水路、日照や湿度などの自然条件は変わらず、その土地から立ちのぼる空気が生き続けている。人々の日々の営みもある。武家屋敷跡が今も落ち着いたたたずまいを醸し出し、下町には活気あふれる江戸っ子の情緒が残るように、革命時代の中国人たちが躍動した痕跡は今もそここに残っている。

早稲田、神田、本郷を散策しつつ、かつて中国革命に夢を描いた彼らが見た帝都東京の風景を想像し、彼らの情熱に思いを寄せながら、往時の歴史をゆっくり堪能していただきたい。本書を散策のお伴にしていただければ幸いです。

Ⅰ　早稲田

第一章　黄龍旗がはためく街——清国チャイナタウン

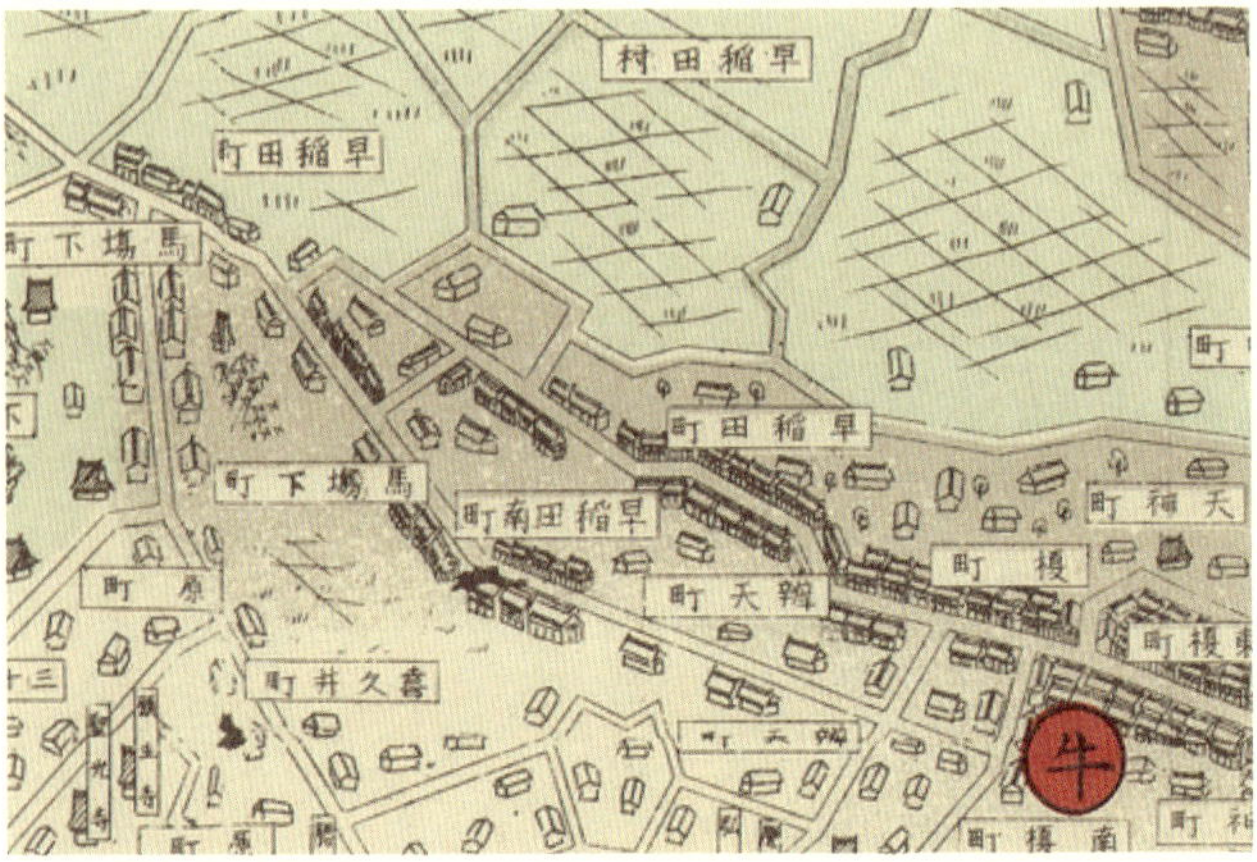

東京一目新図（明治 30 年）

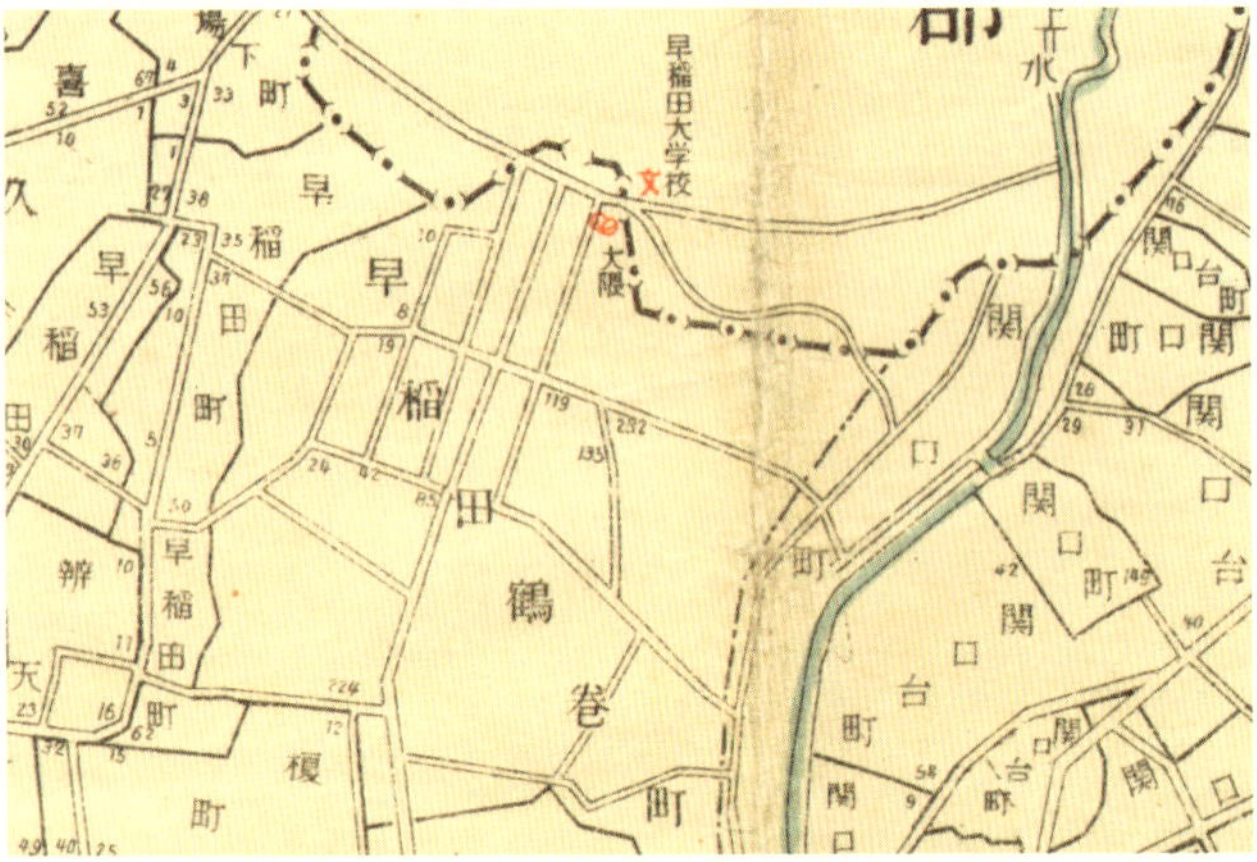

番地入東京大地図（明治 39 年）

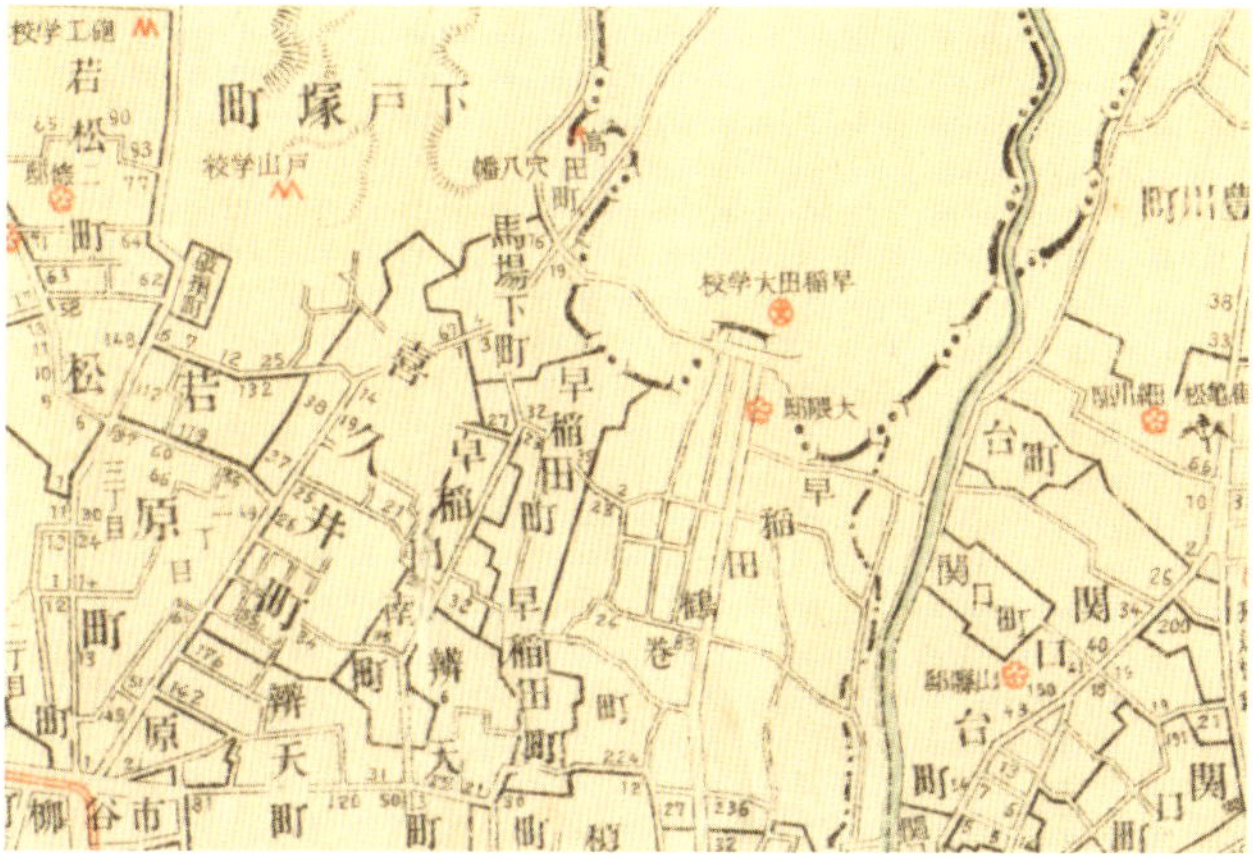

番地入東京市全図訂正6版（明治43年）

早わかり番地入東京市全図訂正第46版（大正11年）

早稲田大学正門前の早大通りを東へ向かうと、次の交差点は「鶴巻小学校前」である。左へ曲がって鶴巻小学校の正門前あたりには、かつて早稲田大学の清国留学生のための第一、第二宿舎があった。「新中寄蘆《しんちゅうきろ》」と呼ばれた宿舎には部屋が十七、八あり、炊事、洗濯、掃除から守衛まで、留学生たちが自主管理していた。住所でいえば、新宿区早稲田鶴巻町百七番地、百十二番地、百四十番地〜百四十二番地などがある区画だが、宿舎の周辺には中華料理店の「時新店」、「維新園」、「早稲田華園」、食品雑貨店、留学生が自主経営する清国式の理髪店などがあり、どの店先にも清国の国旗「黄龍旗」が高々と掲げられていたという(『留学日本時期的周恩来』、主編〔中〕王永祥、〔日〕高橋強、中国・中央文献出版社、二〇〇一年)。

留学生は方言や生活習慣の違いから、出身地ごとに同郷会を作って助け合っていたが、

現在の早稲田鶴巻町（破線内）
閏月社作成

一九一一年に辛亥革命が成功して清朝が崩壊し、中華民国の時代になっても、「黄龍旗」が姿を消した以外、チャイナタウンの様子はあまり変わらなかったようだ。一九一七（大正六）年に天津出身者が設立した親睦団体の「新中学会」では、毎週末に宿舎で座談会を開いていたことが『周恩来『十九歳の東京日記』』（矢吹晋編、鈴木博訳、小学館文庫、一九九九年）に記されている。この地区はいわば、留学生たちが郷土料理を堪能しつつ思い切り方言で会話できる「たまり場」であり、真剣な議論や各種の活動をする拠点でもあったのである。

早稲田大学周辺には多くの下宿屋もあり、三国館、弥生館、保陽館、公文館、信陽館、福井館、東京館、金城館、静井館、大成館、鶴巻館、東陽館、鶴声館、秋林館、尚文館、北越館、愛宕館、岬館分店、寿館、日出館、都留館、風光館、千葉館、三吉館、春芳館、玉水館、崎越館、松葉館などの名前が残っている。留学生活に慣れた後には、これらの下宿屋へ移る留学生も少なくなかったにちがいない。

一九三三（昭和八）年に早稲田大学へ留学した詩人の林林は、「早大に入学してから、わたしは近くの鶴巻町の二階屋の三畳間を借りて住んだ。家の主人は労働者で、奥さんは家事のほか、家計のたしに針仕事もやっていた。一家はとても親切で、よく世話してくださった。／下宿のすぐそばの通りに、広東出身者の開いた小さな食堂があって、日本人があまりたべないもの、例えば豚の内臓、豚の蹄などを置いていた。これらの食べものは非常に安く、二十銭もあれば腹いっぱい食べられる。わたしにはぴったりで、ふだんの食事はここでとり、わが家同然になった」（「ワセダの森でハイネに酔う」『わが青春の日本――中国知識人の日本回想』、人民中国雑誌社編、東方書店、一九八二年）と語っている。

また、林林は高田馬場駅の近くにあった喫茶店「ハイネ」に足しげく通い、店内に置かれていたハイネの肖像画を眺め、『ハイネ全集』を手に取り、ハイネの愛情詩と社会詩に強く引き付けられて、ハイネに関する本を多数買い込んだ。そして後にハイネの詩三篇を選んで中国語に訳し、上海の雑誌『世界文学』に投稿したところ、思いがけず採用されて、「何ともいえない喜びであった」ことから、詩人への道を歩むきっかけになったという。

現在の早稲田鶴巻町

初めて清国留学生が日本へやってきたのは、日清戦争が終わった翌年の一八九六（明治二十九）年である。清朝政府が選抜した十三人の官費留学生が試験的に派遣されてきた。二年後の一八九八（明治三十一）年には駐清国全権大使の矢野文雄が清国政府に継続的な留学生の派遣を説き、一九〇〇（明治三十三）年に「文部省直轄学校外国委託生ニ関スル規程」、一九〇一（明治三十四）年に文部省令第十五号「直轄学校外国人特別入学規程」が発布されて、日本留学の道が開かれた。

二十世紀初頭の日本は、清国の青年たちの強い興味を引いた。欧米の文化と近代科学を吸収して近代化を成し遂げ、無血革命ともいえる明治維新を実現した国であり、アジアで唯一、欧米列強と肩を並べる近代国家だったからだ。とりわけ注目したのは、一八九五（明治二十八）年に日清戦争に日本が勝利したことだった。小国ニッポンがなぜ大国の清国に勝ったのか、その秘訣を知りたい。日本が輸入した西欧の近代科学も学んでみたい。おまけに日本は「安・近・単」――欧米諸国へ行くより費用が安く、距離的に近く、同じ漢字圏だから勉強するのも簡単そうだ。第一、西欧の書物を読むのに、いちいち辞書を引きながら原書を読むよりも、日本語に翻訳されたものを読むほうがよほど効率的だろう。そんな安易な想像も手伝って、清国留学生が増加していった。

一九〇二（明治三十五）年には五百人の留学生が来た。翌年には倍の千人に増え、一九〇四（明治三十七）年には千三百人になった。一九〇五（明治三十八）年、日本が日露戦争に勝利すると、日本への関心が一気に高まった。同じ年、清国で三百年も続いてきた「科挙」制度が廃止されたことも、留学熱に拍車をかける原因になった。立身出世に不可欠な資格であった「科挙」試験がなくなったことで、今後は海外留学を立身出世の資格とみなし、「洋科挙」と呼ぶ者もいたほどだ。かくして空前絶後の「日本留学ブーム」が起こった。一九〇五年以降、二〇年代までに日本へ来た中国留学生総数は、一説には一万人とも二万人ともいわれているが、実藤恵秀は『中国留学生史談』（第一書房、一九八一年）のなかで、「八千人程度であったろう」と試算している。

留学生の動向としては、まず東京にできた日本語学校に入学して半年から一年間ほど日本語を学び、その後、早稲田、法政、慶應などの東京を中心とした私学を目指すのが一般的だった。東京や九州、京都、東北、北海道などの帝国大学へ入学するには、まず難関の高等学校に入学しなければならず、合格者はごく限られていた。その点、私学には短期育成の「清国留学生部」や「専門部」が特設され、一、二年だけ学んで帰ろうという学生の受け皿になった。私学の「本科」へ正式入学するには勉強に専念しなければならず、進学したのは全留学生総数の半分にも満たない。その他、軍事教育を専門に行う振武学校や成城学校もあり、軍事教練と基礎教育を受けた後、試験を受けて陸軍士官学校へ進学するのだが、難関の試験に合格する者はほんのひと握りだ。そうした中で、早稲田大学は人気の的であった。

もっとも、いくら大学に入っても、無事卒業まで至る留学生はそれほど多くはなかったようだ。一九三四（昭和九）年に早稲田大学が実施した中国人留学生の修学旅行の記録がある。それによれば、東京を夜行列車で出発し、京都、奈良、大阪、別府、門司、下関、宮島を巡る十日間の旅程で、留学生自身の筆による詳細な見学記録も残されている（「中華民国留学生内地見学旅行、早稲田大学の部」、外務省記録、国立公文書館所蔵）。

この修学旅行に参加したのは大学院、学科、専門部を合わせて総勢二十一名。一九三四年に正式に早稲田大学を卒業した中国人留学生の中で希望者だけが参加したが、欠席者がそれほど多くいたとは考えにくい。ちなみに旅行費用は、義和団賠償金を基金とした外務省文化事業部が提供したもので、修学旅行は早稲田大学に限らず、全国の帝国大学、私学で実施されていたもののようだ。


早稲田大学の場合、留学生総数を知る別の資料もある。

『早稲田大学百年史』（第二巻、早稲田大学大学史編集所編、一九八一年）によれば、一九一〇（明治四十三）年の段階で、大学各学科、専門部、高等師範部、清国留学生部の卒業者総数は七百人に達していた。卒業生たちは帰国後、官吏、大学教授、国会議員など、社会的に重要なポストにつく者が多かったが、母校・早稲田を懐かしむ気持ちが強く、校友会が頻繁に開かれていた。
幻となった「早稲田同学国会議員倶楽部」の存在も、愛校精神に富んだ卒業生たちの積極的な活動のひとつだ。清朝政府が崩壊した後、中華民国臨時政府が成立すると、一九一二年、中国初の憲法「臨時約法」が制定され、衆参両院からなる国会が成立して、中国は共和制国家となった。「早稲田同学国会議員倶楽部」の設立予備会が開かれたのは一九一三年五月二十九日正午だ。場所は北京市燈市口にある徳昌飯店。恩師の有賀博士、青柳教授らも東京から招かれた。

先づ張継氏、日本語にて、吾人早稲田同学議員倶楽部は、其党派の如何に係はらず、公明正大なる態度を以て、邦家の為め人道の為めに尽くす所なかるべからざるを説き……陸宗輿君、其他数氏の日本語演説あり。同倶楽部事務所を北京前門外安徽会館に設くること、母校に在りて、革命等の為めに未だ卒業せざりし議員諸君を校友に推薦せられんことを同倶楽部の名義にて高田学長に申請すること等を議決し、和気靄々の中に散会せり……実に上下両院を通じて群鶏の一鶴とも称するに足る人最も多きを以て、同倶楽部完全に成立の暁には有力なる団体となるべきを疑はず(同書)。

発起人は早稲田大学卒業生で参議院議員の張継や、当時三十七歳にしてすでに老成した風格の政治家・陸宗輿ら、三十二名からなり、同年九月には再び相談会を開いて、正式に発足大会を挙行する予定だった。

だが、事態は急変した。孫文から中華民国臨時大総統の地位を引き継いだ袁世凱が、態度を豹変させて「帝政」の復活を主張し、自ら「新皇帝」を名乗って独裁政治を打ち出したのだ。国民議会の最高実力者で国民党の党首だった宋教仁が暗殺されたのは約二カ月前の一九一三年三月二十二日。その後、袁世凱が黒幕だったことが判明すると、居直った袁世凱は武力で国民党に解散命令を下す一方、国会議員四百人を北京から追放して、子飼いの立憲君主勢力で議会を独占しようと図ったのである。「早稲田同学国会議員倶楽部」の発起人を含む議員全員が武力で追われて散り散りになり、「早稲田同学国会議員倶楽部」の設立計画は水の泡となった。

かつて「清国チャイナタウン」に集った留学生たちは、帰国後も日本で過ごした留学生活を懐かしみ、強い愛校精神を抱いて中国の近代化に寄与しようとしたが、二十世紀前半を通して延々と続く戦乱の時代に、多くの者が荒波に巻き込まれていったのである。

第二章　頭をふるって顧みず、われは東へ行かん——梁啓超の悲しみ

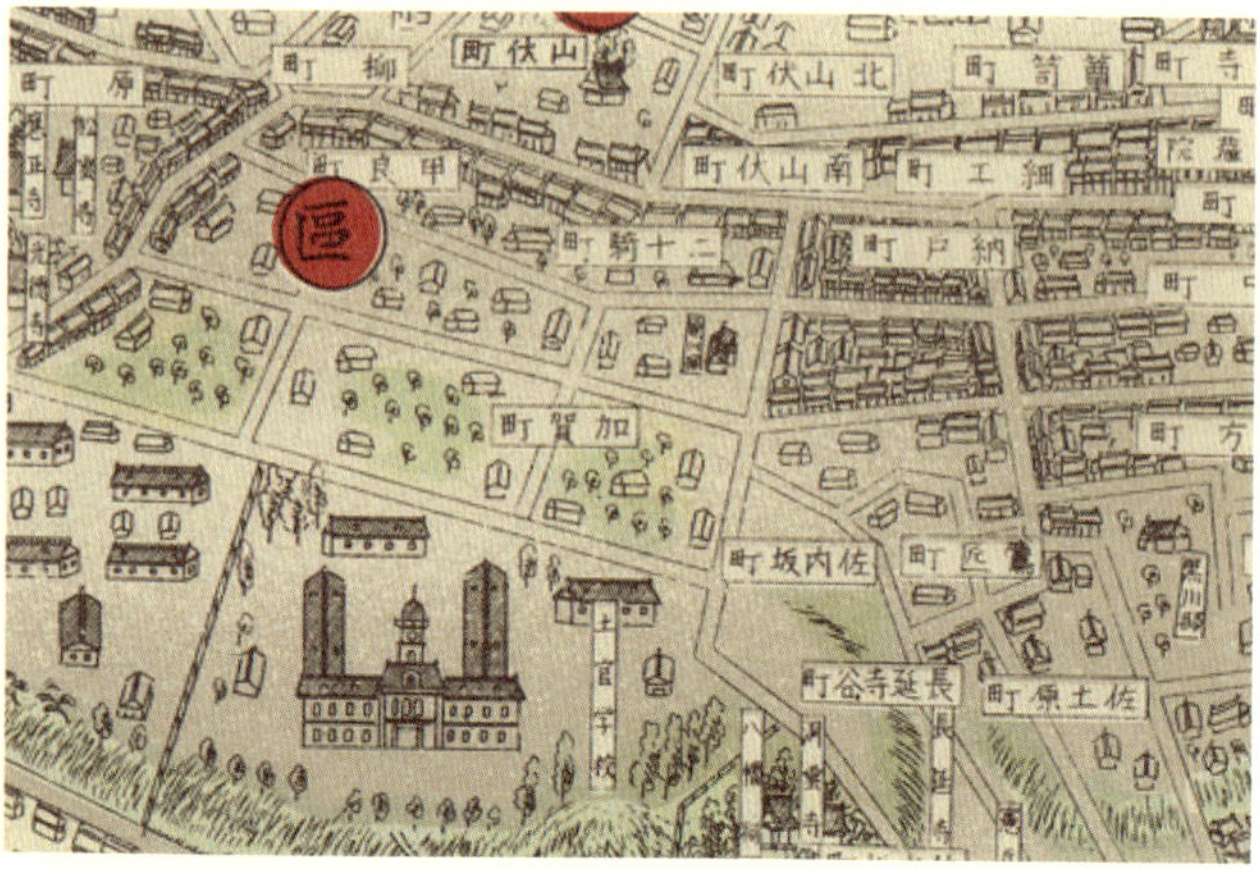

東京一目新図（明治 30 年）

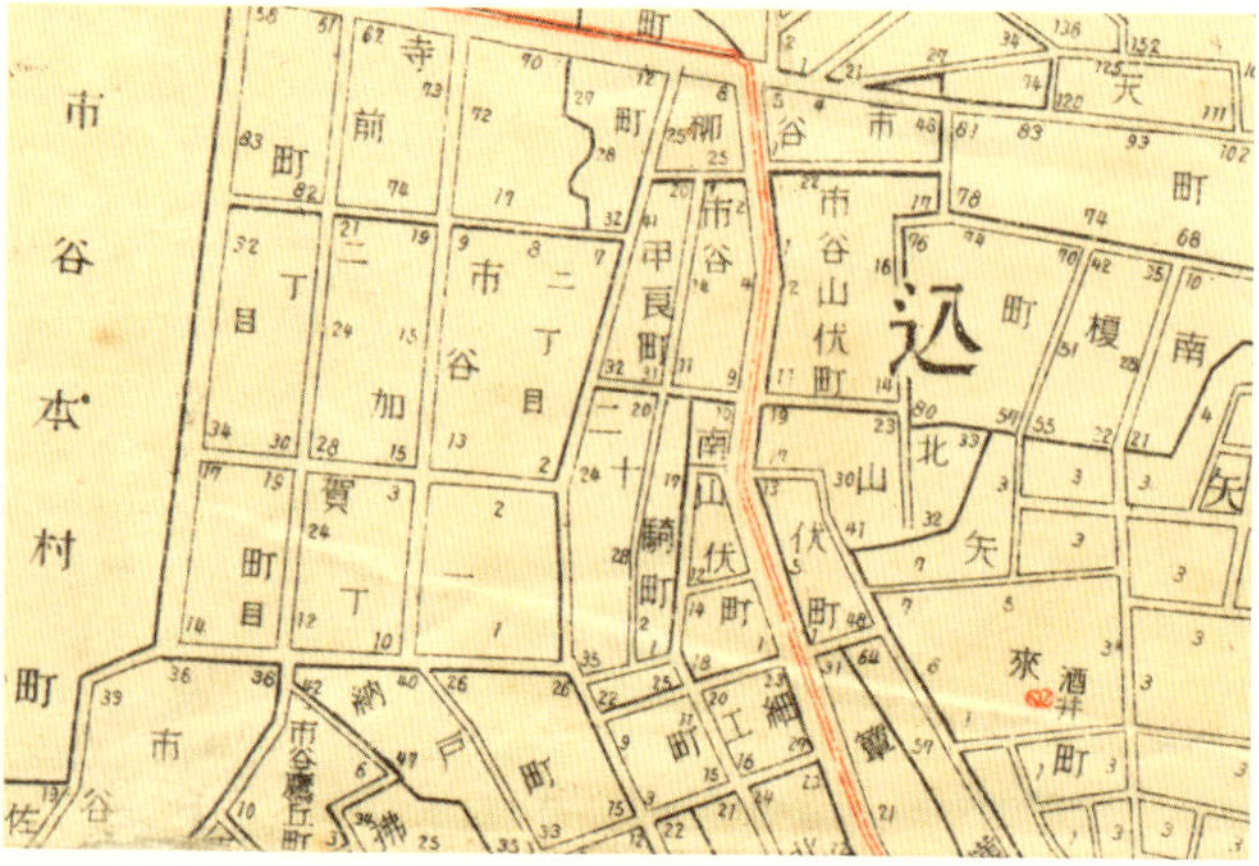

番地入東京大地図（明治 39 年）

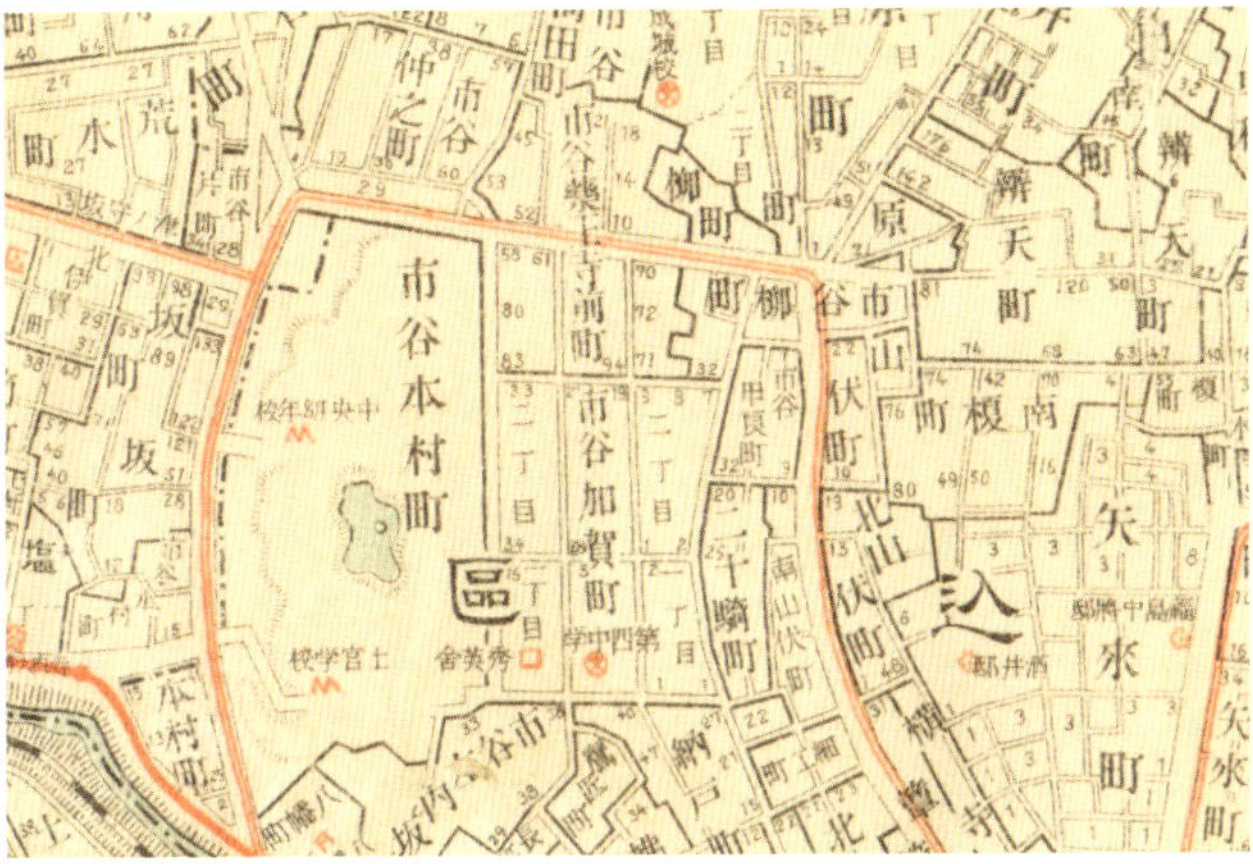

番地入東京市全図訂正6版（明治43年）

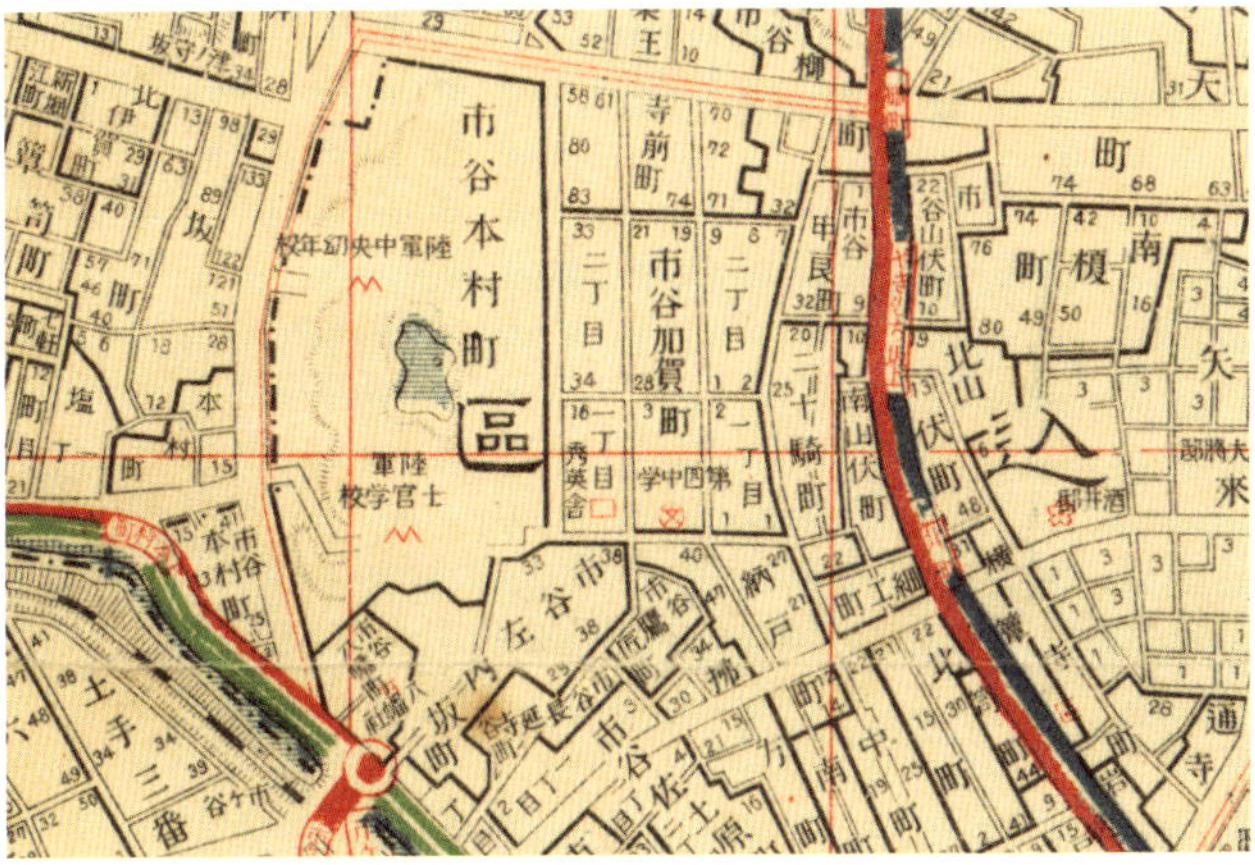

早わかり番地入東京市全図訂正第46版（大正11年）

現在の市谷加賀町（破線内）
閏月社作成

一八九八年十月、西太后が起こした軍事クーデター「戊戌《ぼじゅつ》政変」で清国を追われた梁啓超《りょうけいちょう》は、日本へ亡命する船の中で、次のような漢詩の一節を詠んだ。

嗚呼　済艱乏才兮　儒冠容容
佞頭不斬兮　俠剣無功
君恩友仇両未報　死於賊手毋乃非英雄
割慈忍涙出国門　掉頭不顧吾其東

ああ、艱難を救うには才が乏しく、儒学の冠をかぶる者は易きに追随する。
頭をへつらい斬らず、俠士の剣は効なし。

君子の恩も友の仇もふたつとも報いるをならず。賊の手により死す者はすなわち英雄ならんか。

慈を割き涙を忍んで国門を出る。頭をふるって顧みず、われは東へ行かん。

＊＊＊

吁嗟乎
男児三十無奇功　誓把区区七尺還天公
不幸則為僧月照　幸則為南洲翁
不然高山蒲生象山松陰之間占一席
守此松筠渉厳冬　坐待春回　終当有東風

ああ、
男子三十にして功もなし。誓ってつまらぬ私が身を天に還さん。
不幸ならば僧の月照となり、幸いならば西郷南洲となろう。

さもなければ高山（彦九郎）、蒲生（君平）、（佐久間）象山、（吉田）松陰の間に一席を占めよう。
松竹の常緑を守りて厳冬を渡り、座して春の巡るのを待ち、いつの日にか東の風に当らん。

（『梁啓超年譜長編』第一巻、丁文江ら編、島田虔次、狭間直樹ほか訳、岩波書店、二〇〇四年、漢詩は譚訳）

梁啓超は広東省新会県の人で、一八七三年生まれ。字は卓如《たくじょ》、号は任公《にんこう》という。幼い時から神童と呼ばれ、十七歳で科挙の試験の郷試に合格して「挙人」の称号を得る。十八歳で康有為に師事して一番弟子となり、清朝の政治改革運動に従った。

運命の一八九八年夏――。

二十七歳の才気あふれる光緒帝が康有為の提言を容れて、日本の明治維新に倣って政治改革「戊戌変法」を実施したところ、守旧派の既得権益に触れて怒りを買い、西太后の画策した軍事クーデター「戊戌政変」により潰されてしまう。これにより光緒帝は幽閉され、改革派は逮捕・処刑されたが、康有為は運よく逃げ延びた。梁啓超も北京の日本大使館へ駆け込み、折から清国訪問中だった伊藤博文に助けられて日本へ亡命した。

天津で日本の戦艦「大島」にかくまわれ、失意のどん底にいた梁啓超を見るに見かねた艦長が、東海散士の著『佳人之奇遇』を手渡した。世界七カ国の歴史を説いて日本国の危機を訴えたこの政治小説に、梁啓超はすぐに夢中になり中国語に翻訳した。冒頭の漢詩は日本へ向かう船旅の間に詠んだものだ。

その後、梁啓超は十四年も日本で亡命生活を過ごすのだが、貪欲な情熱で「日本学」や近代科学を吸収していったことを考えると、あるいは『佳人之奇遇』を読んだときに感じた衝撃と感動が、その後の「学び」の出発点になったのではないだろうか。

一八九八（明治三十一）年十月二十一日、広島経由で東京へ到着すると、その晩は北京の日本大使館から付き添ってきた日本人志士・平山周に伴われて、麹町区平河町四丁目の旅館、三橋旅館（三橋常吉経営）に宿泊した。翌二十二日、牛込区早稲田鶴巻町四十番地の高橋琢也方へ移ってからは、梁啓超は手紙を書くことに没頭する。

まず、伊藤博文に感謝の意を表するのと同時に、光緒帝を救ってくれるよう嘆願して面会を求めた。たが伊藤から返事はなかった。他の政治家たちにも面会を申し込んだが、だれからも反応はなかった。

ようやく外務大臣・大隈重信の代理人である志賀重昂と面会できることになり、梁啓超は徹夜で「光緒帝救出作戦計画」を作成して持参した。十月二十六、二十七日の二日間、梁啓超と志賀は膝を交えて懇談した。といっても筆談である。志賀は梁啓超の熱意に打たれ、同情の念を示してくれた。だが、退職間際の志賀にはなんの権限もなく、期待した日本政府の支援にはつながらなかった。要するに、日本政府は形ばかりの機会を設けて話を聞いてやり、それでお茶を濁したということなのだろう。

亡命時の梁啓超

日本の新聞では、「性急な改革が今般の禍を招いたのだ」という改革派に対する批判記事が掲載された。それを目にした梁啓超は、日本知識界の大御所である品川弥二郎子爵に丁重な手紙を書き送り、日本の世論に対する違和感を切々と訴えた。

その手紙の末尾には、

「(梁)啓超は敬愛する(吉田)松陰、東行(高杉晋作)両先生にあやかり、いま名を吉田晋と改めました。現住所は牛込区鶴巻町四十番地です。もしお手紙を賜りますれば願ってもない喜びに存じます」(前出『梁啓超年譜長編』)と書いた。

現代とちがい、日本に来た中国知識人の多くが日本名を名乗っていたのは、この時代の特徴的な現象である。もちろん、亡命者の場合は安全のためでもあっただろうが、日本と日本人に尊敬の念を抱いていたことは確かだろう。


一方、康有為は香港から宮崎滔天に伴われて日本へ亡命した。十月二十五日、新橋駅へ到着した康有為を、梁啓超と清朝の若手官僚だった王照のふたりが出迎えた。

康有為も三橋旅館で数日宿泊した後、十月二十九日に牛込区市谷加賀町一丁目三番地の柏原文太郎が所有する貸家へ移り、梁啓超もそこへ合流した。

康有為と梁啓超は清国再生の提案書をまとめ、日本政府に提出した。だが、日本は清国政府から「犯罪者を保護している」という強い抗議を受けて困惑し、最終的に康有為に国外退去を求めるのである。それは「光緒帝からの手紙」を持っているとして権威を振りかざす傲慢な康有為に手を焼いたこともあるだろう。しかし梁啓超には「学術研究」という名目で日本滞在の許可を出しているから、判断が大きく分かれた。礼儀正しく物静かな梁啓超は、日本政府や日本人から好感を持たれたからである。

十一月十一日、梁啓超は横浜華僑の馮鏡如らの資金援助を受けて横浜に移り、『清議報』を創刊した。『清議報』は今でいうミニコミ紙で、十日ごとに発行した。その年の冬、梁啓超は「戊戌政変」に関する記事を連載し、後に『戊戌政変記』として一冊にまとめた。孫文ら過激な「革命派」に比べて、より穏健な梁啓超が「改良派」と呼ばれるようになったのは、この頃からだ。

余談だが、その『戊戌政変記』を、私は二〇〇〇年に島根県の古書店からインターネットで購入した。香港・九龍書業中心印行の発行だが、発行年は記されていない。小さな書籍は茶色く黄ばんでいたが、中身は少しも痛んでいなかった。元の持ち主が大切に保管していたからにちがいない。中国語で書かれた書籍なのに、日本には昔からなんと勉強熱心な人がいたのだろうかと、少し感激した。

さて、亡命した翌年の一八九九（明治三十二）年一月七日、梁啓超は牛込区早稲田南町四十二番地に移った後、一月三十日には小石川区表町百九番地の柏原文太郎の自宅に移動した。これはどのような経緯によるものだろうか。康有為と意見の相違が生じたためか、あるいは康有為の取り巻き連中が日夜論争して騒々しく、読書に適さない環境だったからだろうか。地図を見てみると、柏原文太郎の自宅のあった場所には、後に小説家の円地文子が住んでいる。

柏原文太郎は東京専門学校（現、早稲田大学）の講師で英語が話せたので、梁啓超と英語で会話した。梁啓超は二十五歳、柏原文太郎は二十九歳のときのことで、ふたりは意気投合して義兄弟の契りを結んだ。

この出会いは、ふたりにとって貴重なものとなった。梁啓超は柏原から日本語を教わりながら、日本語の単語帳を作成して、自己流の「日本語速読法」を編み出した。従来のように漢文式に返り点を打って読むのではなく、日本語の助詞と少数の言葉だけ覚えたら、日本文をそのまま中国語で読み下すという方法だ。これで日本語の大意が理解できるという。やがて梁啓超はこの方法をまとめて『和文漢読法』として出版し、清国留学生たちの間でベストセラーになった。

柏原文太郎の経歴をみると、一八九三（明治二十六）年に東京専門学校英語政治科を卒業した後、いったん朝鮮国政府農商務省の招聘を受けて韓国へ渡り、帰国後は駐日朝鮮政府公使館顧問になった。一八九六（明治二十九）年、東京専門学校の講師に就任して支那研究会を組織し、翌年、東亜同文会を設立して幹事に就任した。梁啓超を自宅に迎え入れたのは、ちょうどこの時期のことで、日中関係に強い関心を抱いていた柏原は、梁啓超からたくさんの中国知識を授けられ、中国事情に精通することになった。

その後の柏原は、一九〇九（明治四十二）年に細川護成とともに目白中学（現、中央大学付属高校）を創設して私学教育の向上に尽力し、一九一二年には立憲国民党から立候補して衆議院議員を二期務め、教育政策の分野で活躍した。

話を戻せば、半年近く柏原の家に同居した梁啓超は、九月四日になって牛込区東五軒町三十五番地に転居して、はじめて一人暮らしに入った。その後は超多忙な日々を送っている。東京に華僑子弟のための高等学校「東京高等大同学校」を設立したほか、神戸にも「同文学校」を作って、華僑子弟の教育に力を注いだのである。

アメリカ華僑の招きでアメリカへ行ったのは十一月。柏原文太郎のパスポートを借用しての「なりすまし」である。それで最後までバレなかったのだから、この時代はずいぶん鷹揚な時代だったのだろう。

アメリカ各地を歴訪して「清朝の政治改革」を講演してまわり、最後の訪問地であるハワイへ行ったとき、その事件は起こった。と言っても、政治事件ではない。なんと華僑たちから大歓迎された梁啓超は、美しい華僑の娘から猛烈な恋のアタックを受けて、初めての体験にたじたじとなり、つい自分でも恋心をいだいてしまったのである。その心の迷いを吹っ切るために、あろうことか彼は広東省にいる妻に手紙を書き送り、自分から告白してしまう。しかし妻は一向に動じずに、「それなら父上に申し上げて、ハワイの現地妻とされては、いかが」と返信してきた。梁啓超はその申し出を即座に断ると、逃げるようにハワイを後にした。まことに生真面目というか野暮というか、初心な人なのである。ついでに言えば、彼ほどハンサムで辮髪の似合う人はいないだろう。

日本へ戻った後、梁啓超はすぐさま広東省から妻子を日本へ呼び寄せたが、それは自分の浮気心を固く戒め、今後は自重しようという決意の表れだったにちがいない。

その後はひたすら研究にのめりこみ、経済、金融、法律、歴史から時事問題まで、幅広く近代的知識を蓄積していった。代表作である『自由書』は、ヘンリー・バックルや福沢諭吉、徳富蘇峰らの影響があるとされる。ダーウィンやスペンサーの「進化論」に基づく論文も発表した。財政改革に関する論文も多数執筆して、数字にもめっぽう強い才能を発揮した。それらの論文は膨大な量にのぼり、現在、『梁啓超全集』（全十冊二十一巻、北京出版社、一九九九年）に収められている。私はその全集すべてに目を通してみたが、二十一世紀の現代でも高度だとされる金融知識を理解していることに、まったく驚いた。そして広汎な知識を駆使して、「国家再生と金融改革の計画案」を作成すると、各種ルートを通じて清朝政府の進歩派の人々へ送り届けた。

一九一一年十月、辛亥革命が成功する直前、清朝政府は遅まきながら政治改革の必要性を痛感して、「戊戌政変」で検挙された人々に恩赦を下した。梁啓超は家族を日本に残したまま国内視察に行き、大歓迎された。翌年、清朝が崩壊して中華民国臨時政府が樹立され、孫文に代わって袁世凱が臨時大総統の地位につくと、国内経済を立て直すために梁啓超は大抜擢されるのである。三十九歳のときのことだ。

もっとも、一度は要請に応じて司法総長、財政総長を歴任したものの、すぐさま袁世凱の無能無策に気づき、憤懣やるかたなく抗議文を叩きつけて辞職してしまった。

そして、雲南都督の蔡鍔が起こした袁世凱打倒のための「護法戦争」（第三革命）を積極的に支援した。蔡鍔は「東京高等大同学校」の教え子であった。しかし「護法戦争」が失敗すると、梁啓超は政界から身を引き、清華大学教授、北京図書館館長などを歴任して、学術研究に後半生を捧げたのである。

彼は、「世界の三大啓蒙思想家」として日本の福沢諭吉、ロシアのトルストイ、フランスのヴォルテールの名をあげる一方、マルクス主義には懐疑的であった。そして『清代学術概論』、『中国近三百年学術史』など数々の名著を残して、一九二九年に没した。

清朝から中華民国へと移り変わる乱世にあっても、世界のあらゆる学問にふれ、幅広い知識を吸収した天才的な知識人——梁啓超は、日本にいたからこそ、存分に本領を発揮することができたのにちがいない。

第三章　知られざる天才——憲政の祖・宋教仁

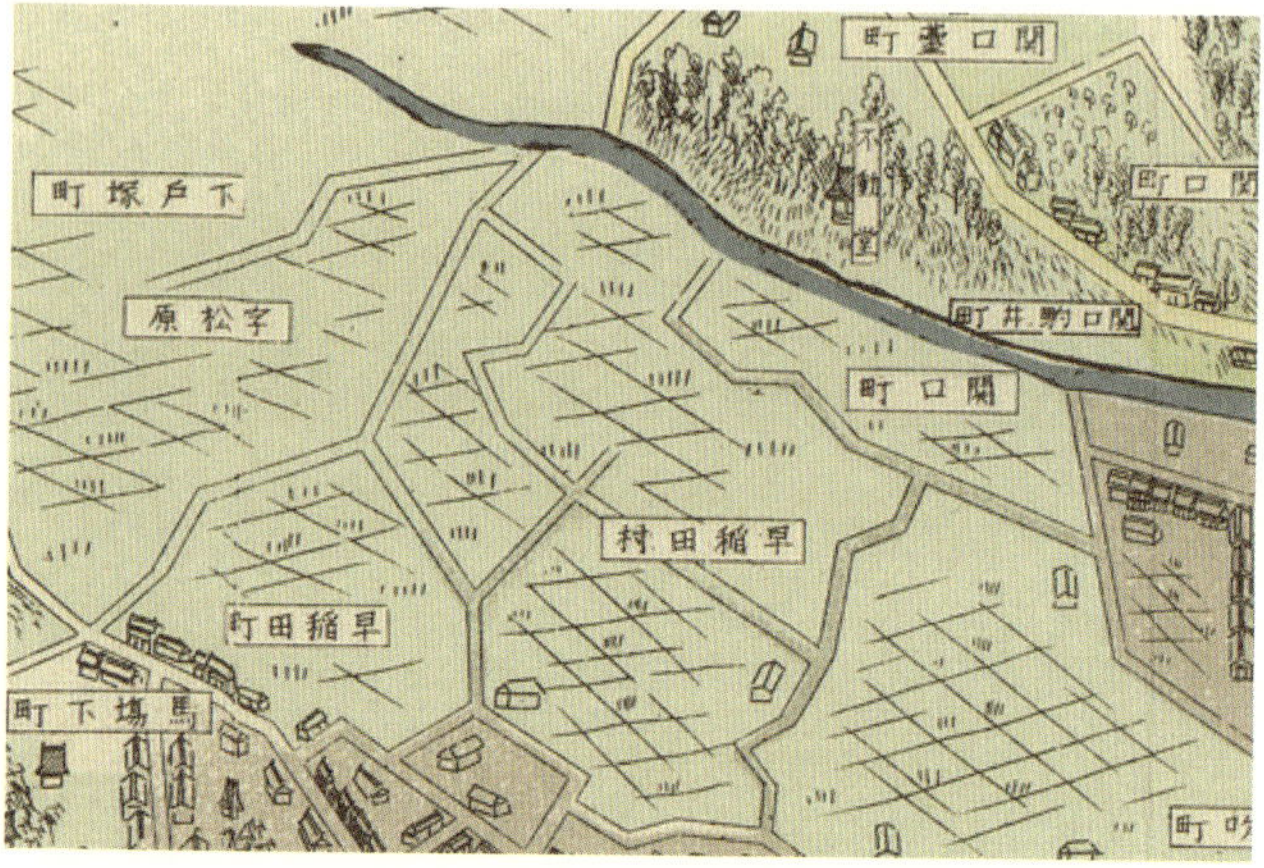

東京一目新図（明治 30 年）

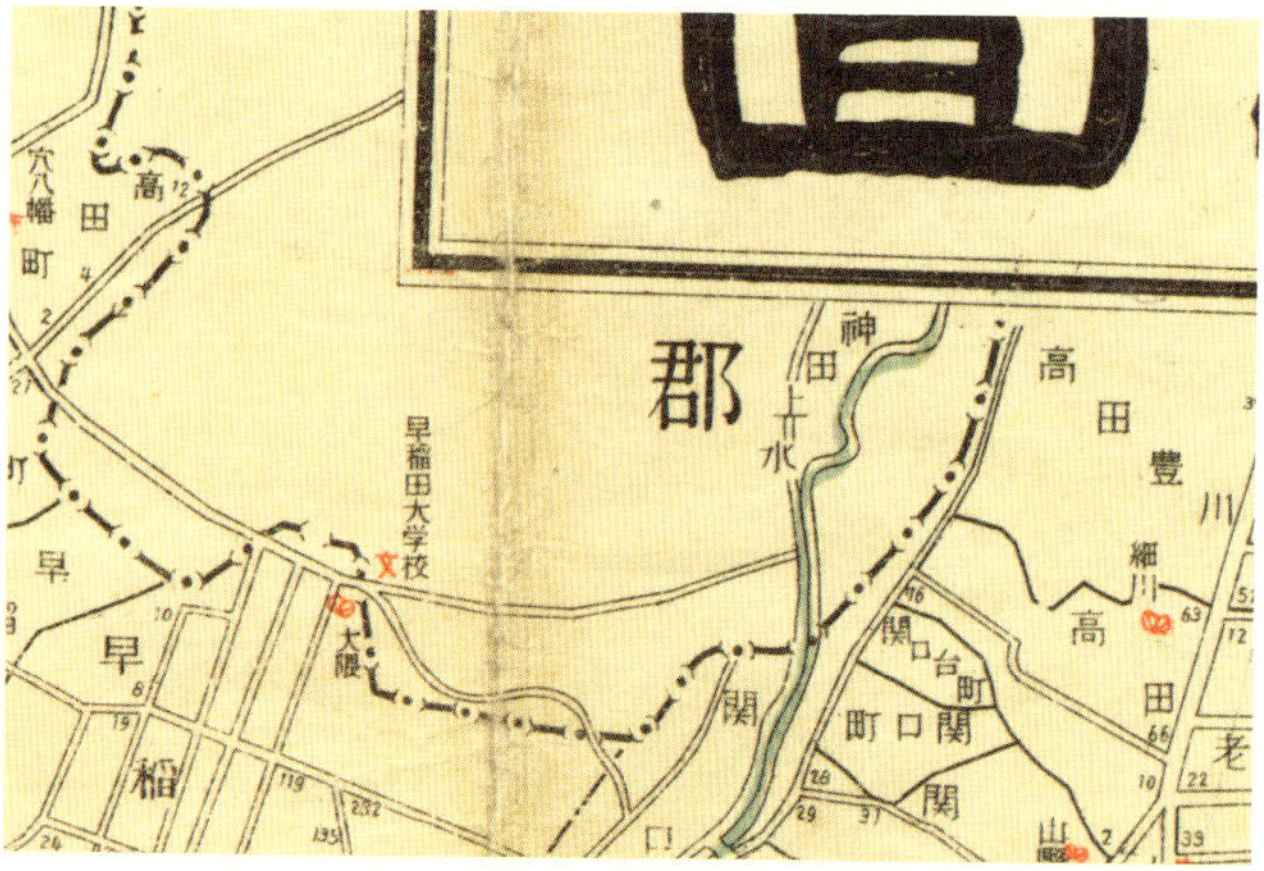

番地入東京大地図（明治 39 年）

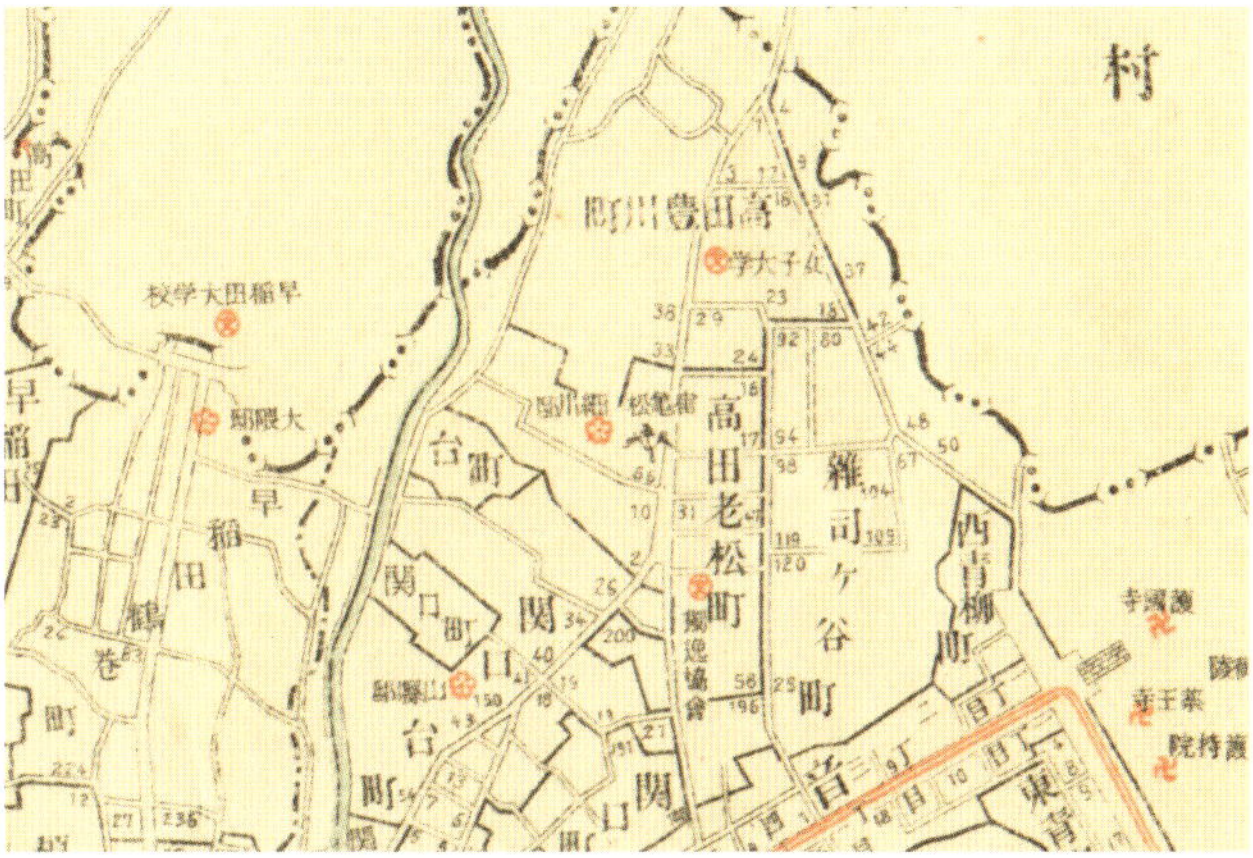

番地入東京市全図訂正 6 版（明治 43 年）

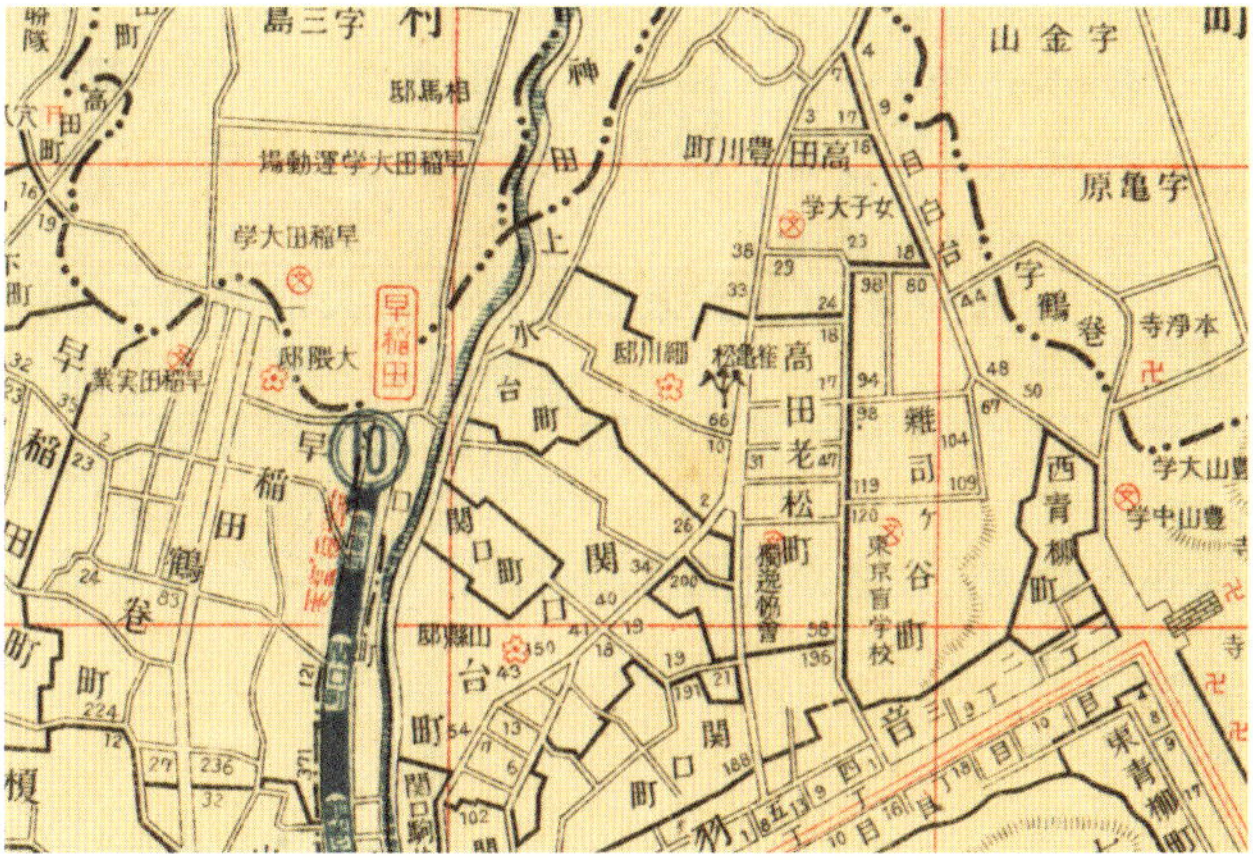

早わかり番地入東京市全図訂正第 46 版（大正 11 年）

辛亥革命で埋もれた天才がいる。宋教仁《そうきょうじん》という人だが、孫文や黄興と比べて広く知られていないのは、志半ばで暗殺されてしまった「無念の人」だからである。孫文とは「犬猿の仲」だったことから、後の歴史が孫文を中心に回ってきたせいで、相対的に評価が低くなってしまったこともある。だが実際のところ、中国初の憲法「臨時約法」を作ったり、議会制度を取り入れて共和政体の国家を実現しようとしたり、まことに近代的な考えの持ち主で、存在価値がとても大きい人だと私はおもう。

一八八二年生まれの宋教仁は湖南省桃源の人。字は得尊《とくそん》、号を鈍初《どんしょ》、敦初《とんしょ》といい、筆名は漁父という。友人の評では、「身の丈は七尺余、額は広く鼻は隆々とし、眼光炯々としてするどい。天性、闊達にして英敏である。時事問題に深い関心をもち、とくに軍事を好んで議論した」（馮為鑒の「伝」より、『宋教仁の日記』、宋教仁著、松本英紀訳注、同朋舎出版、一九八九年）という。

現在の西早稲田一丁目（破線内）
閏月社作成

写真を見ると、頭の良さそうな知的タイプで、引き締まった唇とギョロ目をしたハンサムな青年だ。ちょっと理屈っぽそうな感じもする。

幼い頃に父を亡くし、母の手ひとつで育てられたが、代々知識階層の家柄で成績優秀、ガキ大将でもあった。地元の漳江書院に入学した後、湖北の文普通学堂で新式教育を受けて革命に目覚めた。同じ湖南省出身の黄興らと華興会を立ち上げて武装蜂起しようとしたが、発覚して上海へ逃亡し、そのまま日本まで来てしまった。一九〇四（明治三十七）年九月、二十二歳のときだった。

東京には清国留学生が大勢いた。翌年の一九〇五年に科挙制度が廃止され、目標を見失った学生たちが日本留学を新たな目標とみなしたことから、日本留学ブームに火がつき、どっと押し寄せてきたのだった。孫文がイギリス経由で来日すると、革命に憧れる留学生たちは興奮し、別ルートで逃げてきた黄興も英雄に祭り上げられた。

宋教仁は東京にある日本語学校・弘文学院（第六章参照）に入学したが、政治・軍事好きが昂じて、同じ湖南省出身の親友・陳天華《ちんてんか》らと雑誌『二十世紀之支那』を創刊した。おかげで勉強には身が入らなかったようだ。『二十世紀之支那』は先鋭的な理論雑誌として注目されたが、すぐに「危険分子」として日本政府の監視対象になり、第二号を発行直後に神田警察署に押収されて停刊処分になった。考えあぐねているとき、タイミングよく孫文・黄興らが革命組織の中国同盟会を作ったので、名前を『民報』と変えて機関誌とした（第七章参照）。執筆・編集は宋教仁がそのまま受け持った。

宋教仁は並み外れた読書家でもあった。最初は清国政府の役人を務める先輩にアルバイトを頼まれ、『各国警察制度』『俄国制度要覧』『澳大利匈牙利制度要覧』『比利時澳匈俄財政制度』『美国制度概要』『澳匈国財政制度』などの本を翻訳したが、それがきっかけで国政に興味を持った。自分では王陽明の思想書や心理学の書籍を熟読する一方、『日本憲法』『国際私法講義』『普魯士王国の官制』『徳国官制』『清俄の談判』などを翻訳して外国の近代科学を吸収し、中国哲学の良い点と結びつけようとした。

一九〇五年、日本の文部省は清国留学生の政治活動を封じるために清国留学生取締規則を発布した。二十二歳の陳天華は怒り心頭に発し、激情のあまり大森海岸で抗議の入水自殺をした。その悲報が届くと、衝撃を受けた留学生たちは一斉に授業をボイコットし、退学届を出し、二千名近い留学生が帰国していった。宋教仁は親友の遺体を大森海岸まで引き取りに行き、親友の遺書である「絶命書」に情感のこもった跋文を添えて彼の伝記を書くと、その後は革命陣営から距離を置くようになった。

ところで、宋教仁には『我之歴史』という著作がある。長期にわたる詳細な日記形式で綴られた自叙伝である。日記は、一九〇四年九月に湖南省で華興会の武装蜂起が失敗したときに始まり、上海へ逃れた経緯や日本到着後の様子などが記され、一九〇七年四月、馬賊工作のために満州へ赴くまでの約二年三カ月、ほぼ一日も欠かさず丹念に書かれている。筆で書いた文字は丁寧で見惚れるほど美しい楷書体だ。これを見ると、誠実で几帳面な性格が偲ばれる。今では、宋教仁自身の思考の変遷や革命活動の内情を知るうえで、第一級の貴重な歴史資料になっている。

ところが日記には、陳天華の入水自殺の前後三カ月間がすっぽり抜けているのだ。なぜなのか？　それは陳天華の死に際して、中国同盟会のリーダーだった孫文と黄興が冷淡な態度をとったと感じた宋教仁が反発して、激しい罵り言葉を書き連ねたからではないかと推測されている。後から読み返して、その部分だけ破って捨ててしまったのではないだろうか。宋教仁がずっと抱き続ける孫文への反発心は、どうやらこの時期に芽生えたもののようだ。

さて、早稲田大学清国留学生部予科に入学した宋教仁は、下宿先として早稲田大学の裏手にある「瀛州筱処《いんしゅうゆうしょ》」に定めた。住所は豊多摩郡戸塚村大字下戸塚二百六十八番地（現、新宿区西早稲田一丁目十六番周辺）。早稲田大学中央図書館前のグランド坂通りを下り、新目白通りの信号を渡って、向かい側の道を一本裏通りに入ったところで、ちょうどリーガロイヤルホテル東京のはす向かいに位置する。早稲田大学から徒歩で四、五分といったところだから、おそらく湖南省出身の留学生たちが集う学生寮か下宿だったのだろう。

彼は勉強に没頭した。詳細な日課を作って分刻みで日常生活を過ごし、厳しく自分を律したのは、まるで僧侶の修行のようだ。しかし生来の神経質も手伝って、次第に精神的に追い込まれていったらしい。革命陣営から距離を置いてはいたが、『民報』の編集だけは続けていたし、毎日のべつまくなし友人が訪れてきて忙しかったのも、悪かった。

一九〇六（明治三十九）年七月、宋はついに神経衰弱になり、早稲田の清国留学生部予科の課程を終えた直後に、ひと月ほど田端の東京脳病院に入院するはめになった。

退院後、宋教仁は下宿を引き払い、『民報』編集部のある牛込区東五軒町十九番地（現、新宿区東五軒町三番二十二号）に引っ越した（第七章参照）。

宋教仁の孫文に対する反感は、未来の国旗問題と金銭の紛争で頂点に達した。日記には、孫文のやり方を批判して「専制跋扈《ばっこ》に近し」と記している。常にマイペースで物事を決めてしまう孫文のやり方が我慢ならなかったらしい。理論家で律儀な宋教仁だから、「性格の不一致」というか、まるで馬が合わなかったのである。

一九一〇年、孫文が起こした九度目の武装蜂起が失敗したとき、東京の留守宅である中国同盟会本部で赤貧に甘んじながら細々と活動していた宋教仁は、とうとう堪忍袋の

現在の西早稲田一丁目

緒が切れた。そして孫文に反旗を翻して「中部同盟会」を組織した。

革命戦略は三つ——と、宋教仁は考えた。上策は、首都・北京を一気に攻めて北京政府を倒すこと。中策は、揚子江流域を攻めて地元の湖南省を中心にして独立を宣言すること。下策は南部と辺境地区で蜂起することだが、これは孫文がやって失敗した。仲間たちと相談した結果、いきなり北京を攻めるのは無理だと踏んで、中策の揚子江流域にターゲットを絞りこんだ。孫文のように外国勢力に頼らず、自分たちの力だけで短期決戦することが、大きなポイントだった。揚子江流域の南京、武漢一帯にかけて、地元の革命組織と連携を図り、ネットワークを広げていった。清朝の新軍内部にも革命勢力を浸透させた。そして一九一一年、ついに武昌の新軍が蜂起すると、一夜で市内を独占した。そこからは雪崩を打つように次々と革命が成功し、全国十八省のうち十一省が清朝政府からの「独立」を宣言した。

これが辛亥革命の実像なのだ。ということは、宋教仁の考えた戦略が大当たりして勝ち取った革命であり、外国から遠隔操作で革命を指揮した孫文の手柄ではないということになる。だが、世間では孫文の名声が轟きわたっている。「アメリカの軍艦に乗り、大金を持って凱旋帰国」した（と噂された）孫文は、上海で熱狂的な出迎えを受け、選挙では圧倒的多数で中華民国臨時政府の臨時大総統に選出された。

宋教仁にとっては悔しさ十倍、憎さ百倍といったところだろうか。だが仕方がない。宋教仁は実務能力がすこぶる高いが、神経質すぎて他人と折り合えない欠点がある。孫文にはカリスマ性があり、人望があり、なにより金集めができた。それらは英雄の必要条件なのである。

それでも、宋教仁はめげなかった。名を捨てて実を取ったつもりで、猛烈に働いた。日本で蓄積した知識を駆使して、中国初の憲法「臨時約法」原案を作成した。弁護士、判事、検察制度を導入すべく、専門家の養成学校を創設した。日本の法制度を取り入れて二院制の議会を制定し、議員たちを任命した。さらに国民党を再編して、中国最初の議会選挙で第一党となった。あとは第一党の実質的党首である宋教仁が、国会の場で内閣総理大臣に指名されるのを待つばかりだった。

好事魔多し。孫文から臨時大総統の地位をひきついだ袁世凱は専制独裁の野望を抱いていたが、宋教仁が内閣総理大臣に就任した暁には、袁世凱の権限を大幅に狭めると明言していた。袁世凱は密かに刺客を放った。

一九一三年三月二十日の午後十時四十五分頃。北京行きの列車に乗るため向かった上海駅の改札口で、宋教仁は暴漢に襲われた。黄興ら大勢の国民党員が見送る中で、突如、ピストルを持った男が続けざまに三発の銃弾を放ったのだ。二発は逸れたが、一発が宋教仁の臀部に命中した。

宋教仁はただちに近くの鉄道病院に搬送されたが、臀部から入った銃弾は下腹部にとどまり、重症であることが判明。二日間苦しんだ後に、二十二日午前四時四十七分、息を引き取った。享年三十一。

亡くなる前日、宋教仁は黄興の手を固く握り、悲憤の涙を流しながら、郷里に残してきた両親と妻子のことを託した。北京と南京と東京には大量の蔵書があるので、死後はすべてまとめて南京図書館に寄贈したい、とも言い残した。

宋教仁にとって、蔵書は彼自身の「知の宝庫」であり、東京は蔵書を通じて近代科学を授けてくれた「母なる場所」だったのである。

第四章　戸山の軍人学校——蔣介石の夢と憧れ

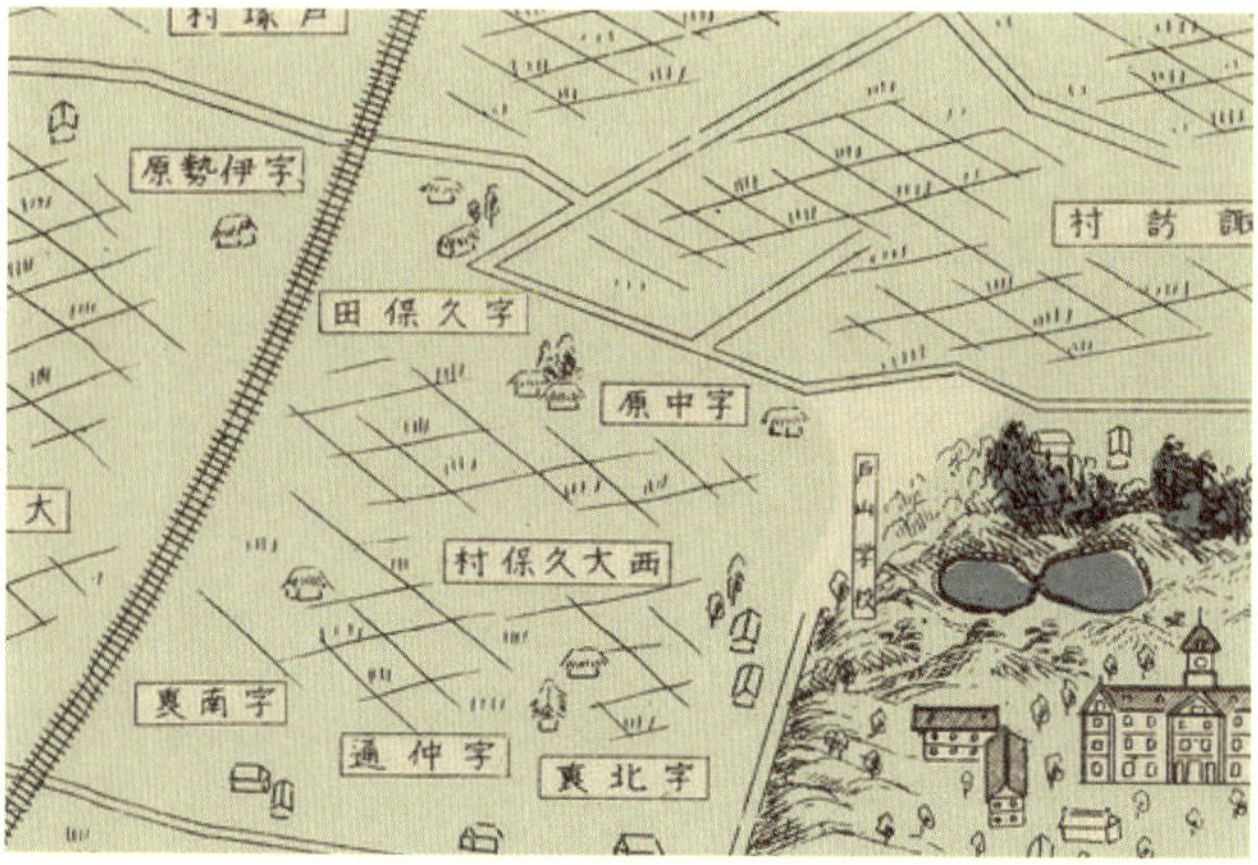

東京一目新図（明治 30 年）

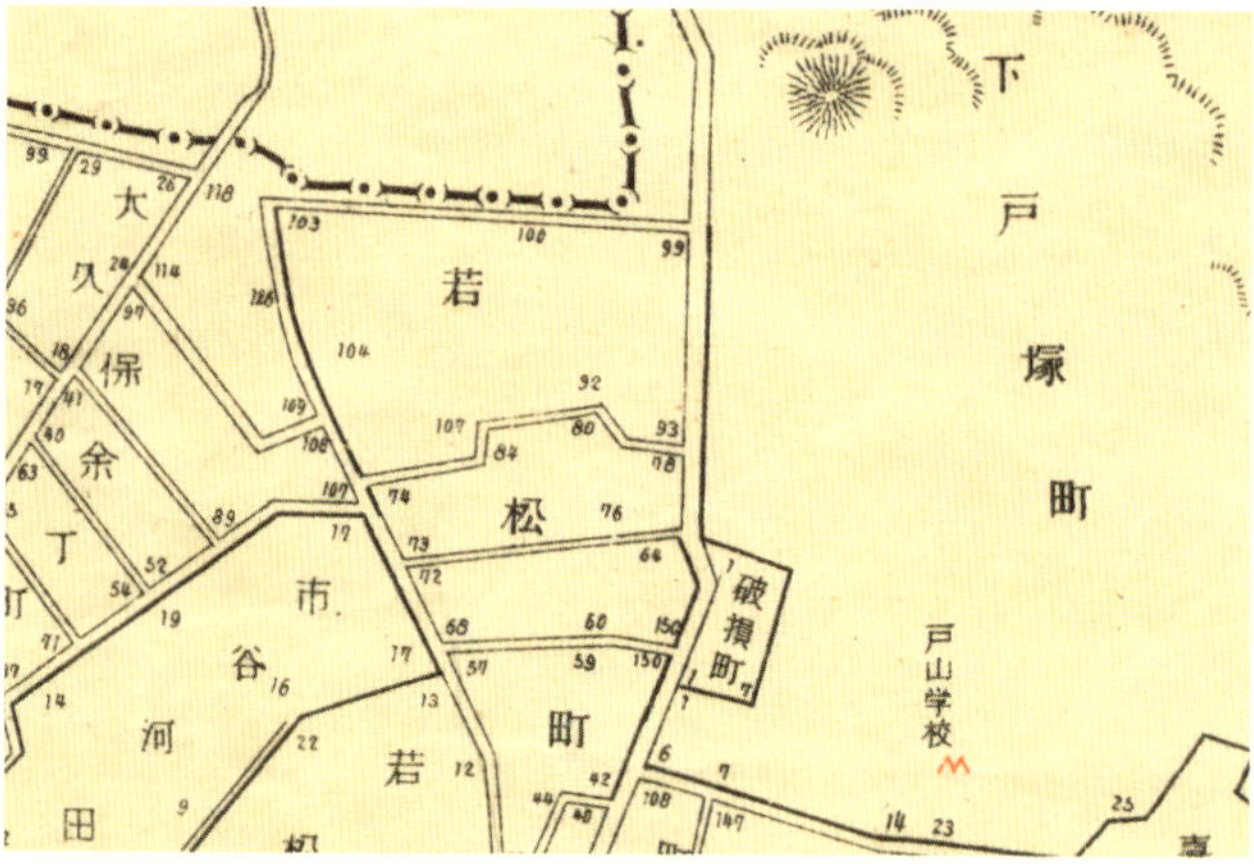

番地入東京大地図（明治 39 年）

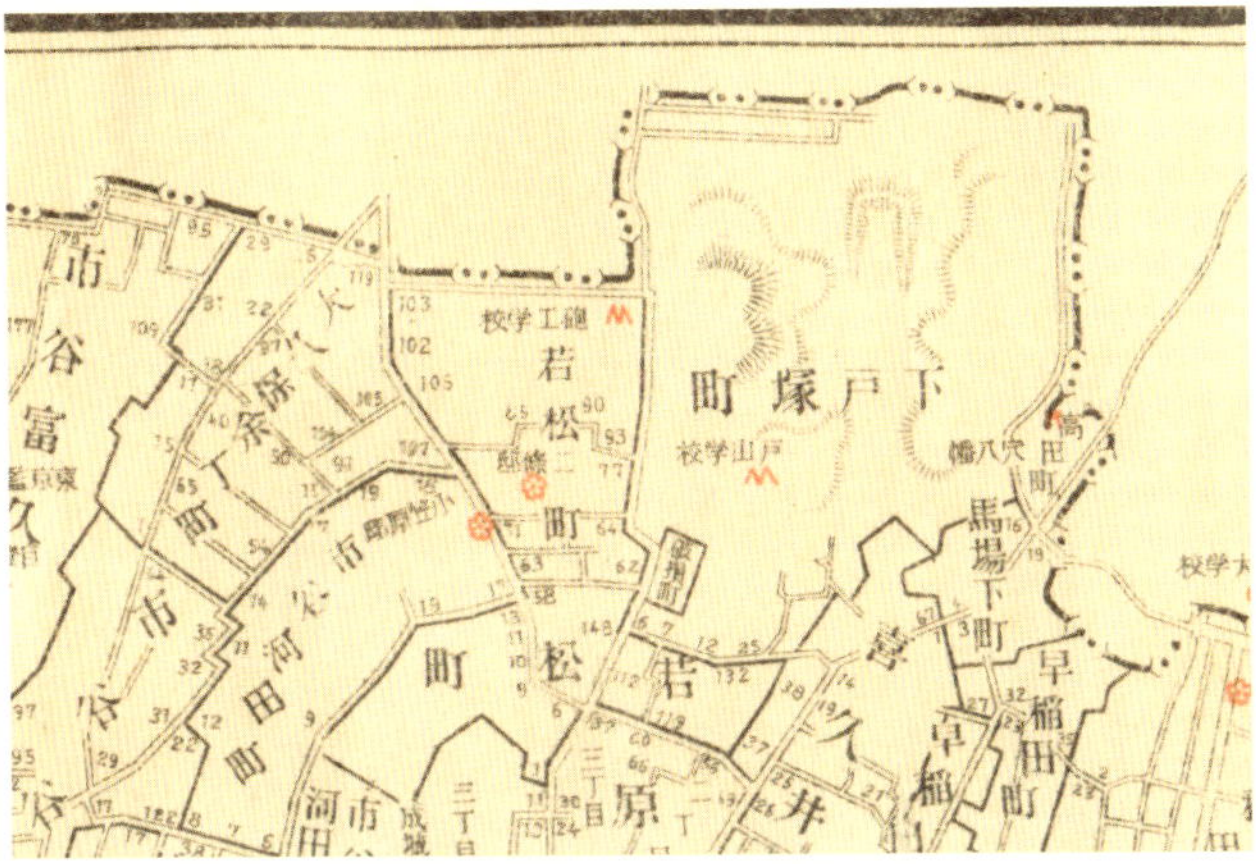

番地入東京市全図訂正6版（明治43年）

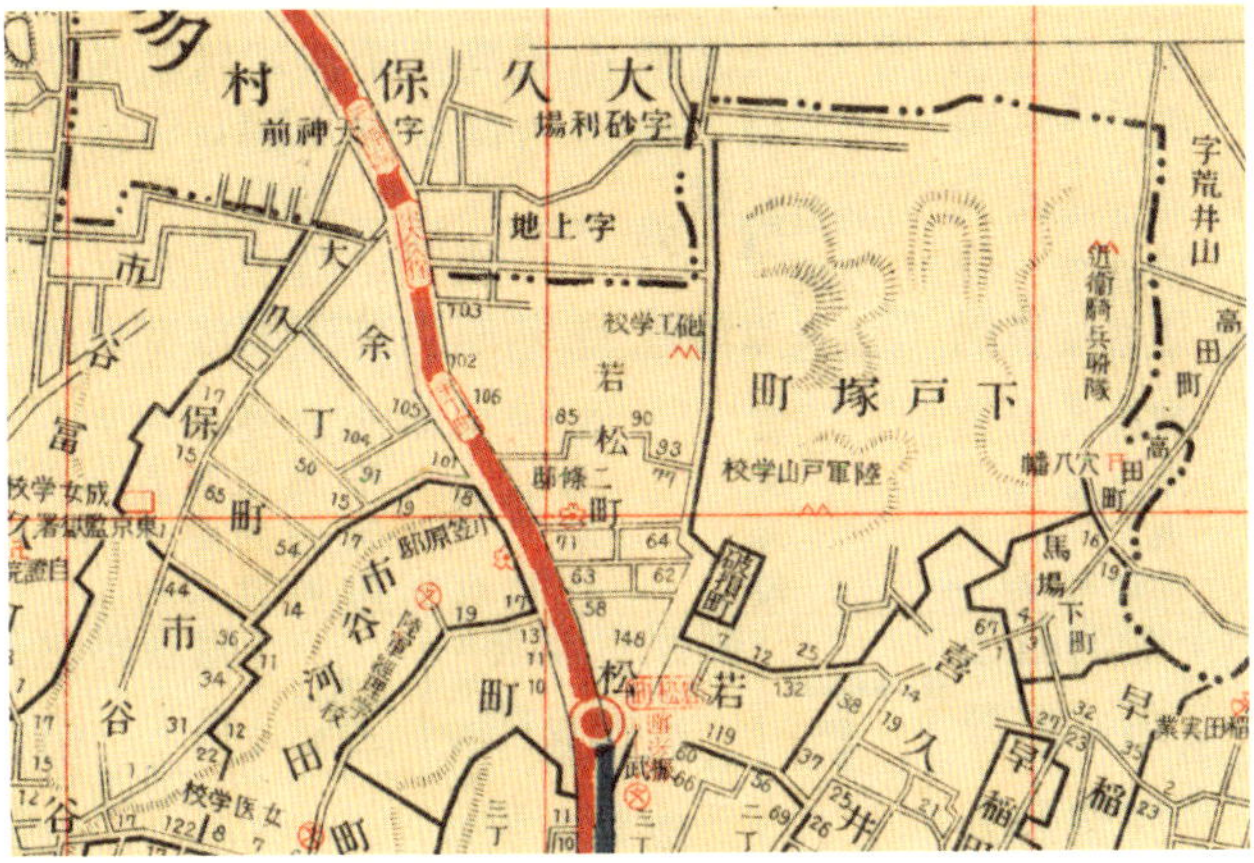

早わかり番地入東京市全図訂正第46版（大正11年）

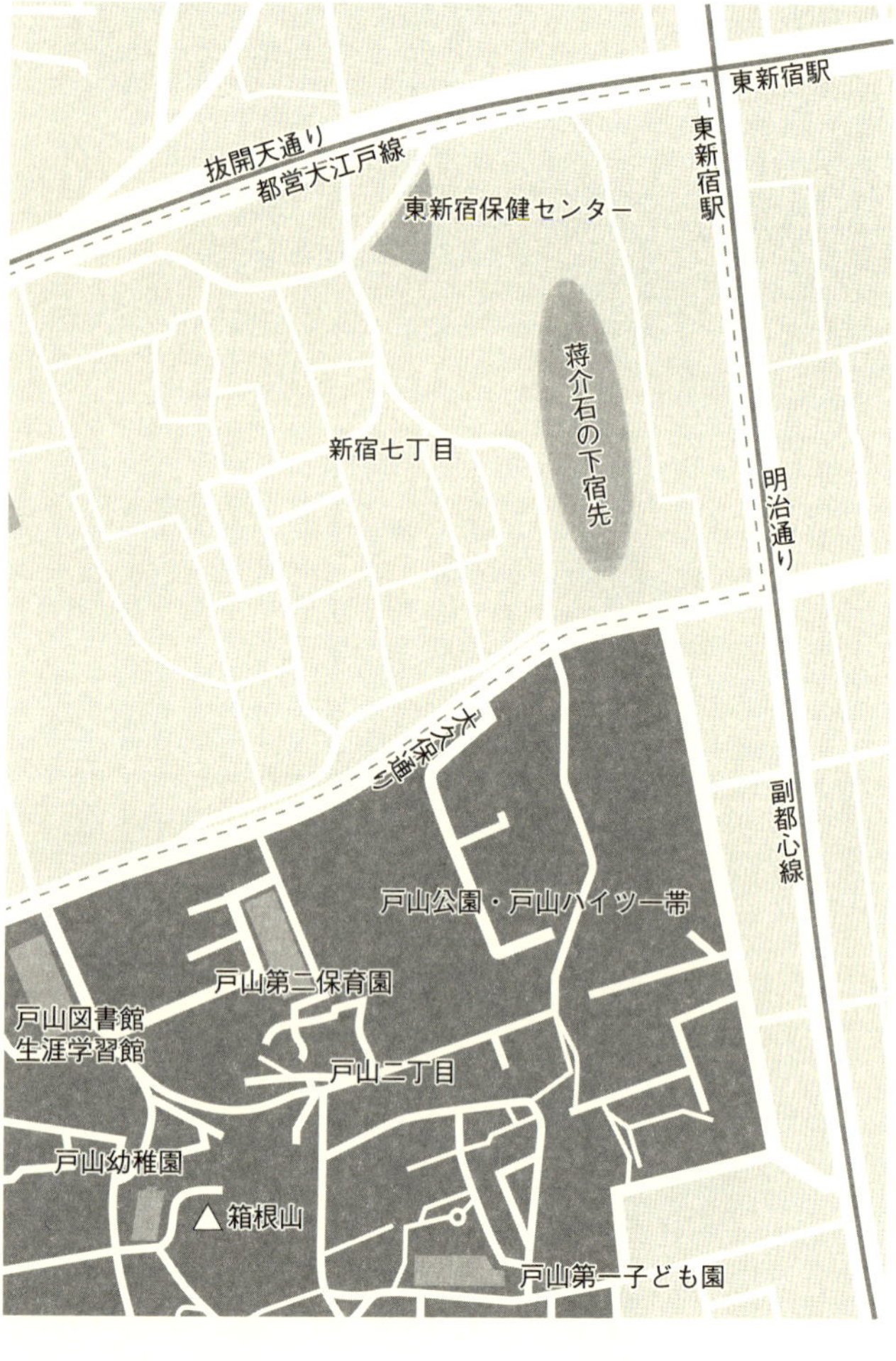

現在の新宿七丁目（破線内）
聞月社作成

蔣介石《しょうかいせき》が初めて日本へ来たのは一九〇六（明治三十九）年、まさに清国で日本留学ブームが起きていた年である。当時十九歳。軍人に憧れて矢も楯もたまらず、なんの準備もなく郷里の浙江省を出てきてしまったが、いざ日本へ来てみて、ようやく気がついた。

日本陸軍士官学校へ入学できないのは無論のこと、その前段階として日本にある清国人専用の軍人予備学校にも入る資格がないことがわかったのである。しかも清国人専用の軍人予備学校へ入るには、まず清国国内の軍人学校の学生になり、清国政府の実施する選抜試験に合格して正式に派遣される必要があったのである。

こんなことも知らず、勢いに任せて日本へ来てしまうとは、蔣介石はよほどのうっかり者か、思い込みの激しい性質だったらしい。途方に暮れたが、気を取り直して日本語でも勉強しようと、東京にある清華学校へ入学することにした。この清華学校の由来についてはよくわかっていないが、もとは日本へ亡命した改良派の知識人である梁啓超が創設したもののようだ。

梁啓超は一八九九（明治三十二）年に東京市牛込区で「東京高等大同学校」を創設して校長を務めたが、ホノルルへ旅立った後に同志の麦孟華が「日文専修学校」と改名して経営。しかし経営資金に行き詰まり、梁啓超の親友の柏原文太郎が引き取って一九〇〇（明治三十三）年に「東亜商業学校」として再開した。それも経営に行き詰まり、清国駐日公使の蔡鈞が改めて「清華学校」として運営したという。一九〇八（明治四十一）年までは清国政府から補助金が出ていた記録が確認できる（山田辰雄、松重充浩編『蔣介石研究―政治・戦争・日本―』、東方書店、二〇一三年）。

同書によると、清華学校は日本語以外に英語や代数、三角、幾何、物理、化学などの全科履修生がいたほか、一科目だけ選択する専科履修生もいて、蔣介石がどのような身分で在籍したのかは不明である。だが子供時代から頑固で気性が荒く、勉強嫌いで落ち着きがなかったというから、日本語だけの専科履修生だったのではないだろうか。いずれにしても、蔣介石が学んだ後に短期間で閉校されてしまった。

蔣介石は一八八七年十月三十一日、浙江省の片田舎である奉化県（現、奉化市）渓口鎮の塩商人の家に生まれた。父親の蔣粛菴は働き者だったが、次々に妻に死に別れ、三番目の妻・彩玉との間に四人の子供が生まれた。蔣介石はその長男である。幼名は周泰《しゅうたい》、学名を志清《しせい》、字は瑞元《ずいげん》、号を介石《かいせき》という。辛亥革命後に孫文から拝命した「中正《ちゅうせい》」を後半生はずっと名乗りつづけた。

彼は幼いときから頑強な体つきをして、無鉄砲なうえに人一倍我が強かった。五歳から家庭教師についたが長続きせず、祖父と父親がつづけて亡くなったことから家産が傾いた。

母は孤軍奮闘して子供たちを養い、十四歳になった蔣介石に四歳年上の毛福梅を嫁に取らせたが、遊びたい盛りの蔣介石は結婚に興味がなかったようだ。十六歳になった一九〇二年、母は家庭教師の毛思誠先生をあてがい、科挙の第一段階の子供用試験である「童試」を受けさせたが、あっけなく不合格。蔣介石は「もう二度と受験などしない！」と宣言して、勝手に新式教育を行う鳳麓学堂へ入学したが、激昂型の性格に手を焼いた周囲の学生たちから「紅臉将軍」（真っ赤な顔をして怒る威張り屋）とあだ名をつけられ、結局、ここも二年で退学。今度は軍人になりたいと言い出して、勝手に日本へ行ってしまったのだ。後のことだが、母親から子供を作るよう懇々と説得された蔣介石は、日本と郷里を行ったり来たりしながら、一九一〇年三月、長男を授かり蔣経国と名付けた。蔣介石が二十二歳のときのことだ。

さて、初めて来日して、東京でのんびり日本語を学んでいたところへ、幼なじみの周淡游が留学してきた。彼は警察官を養成する東京警監学校に入学したが、ふたりは毎日のようにつるんで銀座へ繰り出し、遊び歩いた。その周淡游の縁で、同郷出身の陳其美と知り合った。これが蔣介石の未来を運命づける決定的な出来事となるのである。

陳其美は豪快な男だった。当時三十歳。「冒険こそ天職なり」と公言して憚らず、上海の裏社会とも通じていた。蔣介石はすっかり魅了され、周淡游と三人で義兄弟の契りを結んで「桃園の義兄弟」と豪語した。だが年の瀬になり、母からもらった留学資金もそろそろ底をつく頃、郷里の母から妹が結婚するから帰国せよと言ってきた。一九〇六年十二月、蔣介石は日本滞在僅か九カ月にして帰国した。

帰国後は、郷里でぶらぶらしていたところへ耳寄りな話が飛び込んできた。清国初の近代的な陸軍士官学校・通国陸軍速成学堂が創設されることになり、第一期生を募集するという。喜び勇んで応募した蔣介石は首尾よく合格し、さらに日本語が少し話せることを売りにして、日本留学の選抜試験にも合格した。なんと二年越しの日本への軍事留学の夢を叶えたのである。蔣介石の一途さも相当なものである。

こうして二度目の来日が実現した。一九〇八年三月、蔣介石を含む一行六十二名の軍事留学派遣団は大連港から出発すると、長崎経由で神戸へ上陸し、鉄道で東京へ向かった。同行の学生だった張群と親しくなり、これ以後、辛亥革命期から国民政府時代まで苦楽を共にし、終生の親友になった。

晴れて入学したのは東京の牛込区市谷河田町にある振武学校だった。現在の東京女子医大がある場所である。一九〇三（明治三十六）年に創立された振武学校は、清国人専用の軍事予備学校で三年制をとり、学校運営は日本陸軍の現役の武官が行っていた。卒業後は日本陸軍に配属されて士官候補生となり、その後の試験に合格すれば、正規の陸軍士官学校の学生になれると規定されていた。この規定をみると、かなり本格的な軍事訓練校のような印象を受けるのだが、実態はそうでもないらしい。というのも、振武学校の授業内容は軍事課程と普通学課程に分けられ、軍事課程として典令教範と体操、普通学課程には日本語、歴史、地理、数学、物理、化学、博物、図画などが課せられていたが、三年間の授業でもっとも多かったのは日本語で、授業時間は合計千七百三十四時間にのぼり、全授業時間の三九・七パーセントを占めていた。次いで理数系科目が二〇・一パーセント。軍事科目は三番目で授業時間は八百八十時間、僅か二〇・二パーセントに過ぎないのである。しかも軍事科目の約七割は体操に当てられていたというから、レベルは中学校に近いものであった（黄自進『蔣介石と日本――友と敵のはざまで』武田ランダムハウスジャパン、二〇一一年）。

だが、中学校レベルとはいえ、勉強嫌いの蔣介石にとって授業は難しかったようだ。当時、蔣介石と同郷出身で第一高等学校の学生だった郁輔祥は、次のように語っている。

一九〇九年、私は日本の東京高等学校で学んでいて、神田の下宿屋のひとつに住んでいた。ふたりの同郷の友人の紹介で、蔣介石と知り合った。蔣介石の言うには、自分は北洋練兵処から振武学校へ派遣されて勉強しているとのことだった。……蔣介石は科学的頭脳がひどく悪く、とくに数理方面が劣り、よく教科書持参で友人に教えてもらいにいった。知り合って以来、彼はしばしば我々を訪ねてきた（「関与蔣介石二、三事」郁輔祥著、『寧波文史資料』第四輯、中国人民政治協商会議寧波市委員会文史資料研究委員会編、一九八六年）。

六十二人の軍事留学生たちは全員、振武学校から徒歩十五分ほど離れたところにある寄宿舎に入った。住所は豊多摩郡大久保村字東大久保三百七番地。現在の住所表記では新宿区新宿七丁目二十六番である。新宿の大久保通りと明治通りが交差する地点から道一本入り、細い路地を抜けた小高い丘の中腹にあった。今、その一帯を歩いてみると、住宅やマンションがびっしり立ち並び、宿舎があった場所にもコンクリート造りの建物があった。

現在の箱根山

見上げれば、新宿の超高層ビルがいくつも青空に向かって伸びている。丘の反対側には巨大な団地の戸山ハイツが広がっている。蔣介石が留学した頃は、ここには日本陸軍の戸山学校があった。今では広大な敷地に戸山公園が広がるが、かつて軍事訓練に使われた箱根山や野外演奏場の跡地があり、将校集会所の跡もそのまま残されている。当時、戸山学校では射撃や銃剣術、体育、歩兵訓練のほか、軍楽教育も行われていたから、毎朝威勢の良いラッパ音が響き渡っていただろう。寄宿舎にいた留学生たちの耳にもはっきり聞き取れたにちがいない。

蔣介石の日記によれば、彼は軍事教練や軍楽隊の演奏をよく見に行ったという。寄宿舎の団体生活は規則ずくめで、平日は授業に忙しかったが、毎週日曜日には親友の張群と江の島へ遊びに行ったり、神田の中華料理屋や銀座の飲み屋で騒いだりと、日本生活を楽しむ余裕もあったらしい。

一九一〇（明治四十三）年夏、蔣介石は晴れて振武学校を卒業した。総合成績は六十八点。六十二名の卒業生の中で五十五番だった。とても芳しい成績とはいえないが、卒業できればすべてよしだ。どうやら第一高等学校の頭脳明晰な同郷留学生の指導もあまり役に立たなかったようだ。

そして十二月、蔣介石は新潟県高田町（現、上越市）の日本陸軍第十三師団砲兵第十九連隊に二等兵として配属された。

配属先ではもっぱら馬の世話をさせられた。しかしこの時期にあまり乗馬の機会がなかったせいか、蔣介石は乗馬が得意ではないようだ。後のことだが、国民政府大総統に就任して閲兵式に臨んだとき、騎乗して閲兵していたところ、なにかの拍子に驚いた馬が立ち上がり、蔣介石を振り落して逃げ去った。泥だらけになった蔣介石は足を引きずりながら、そのまま閲兵したという可哀そうな逸話が残っている。

それにしても新潟の冬の寒さは厳しい。蔣介石の出身地の浙江省は温暖な気候で南国に属する土地柄だから、さぞかし堪えたはずである。彼は一念発起して、日本兵を真似て毎朝冷水で顔を洗い、上半身裸になって雪中で乾布摩擦をした。それが終わると厩へ行って馬の体を力いっぱいブラシで梳いてやり、床に散った馬糞を掃除して清潔な藁を敷きなおし、水と飼葉を新しいものに取り換える。すべてやり終える頃には、全身から汗が噴き出した。

入隊直後の蔣介石の身長は一メートル六十九・四センチ。体重五十九・二キロ。決して大柄ではないが、厳しい鍛錬に耐えて真剣に取り組んだせいで丈夫になり、多少のことでは動じない我慢強さも身についたと、蔣介石自身が振り返っている。彼は日々の訓練を通じて、合理的な教育方針が貫かれていることに感銘を受けた。このときの体験が、後に蔣介石が黄埔軍官学校の校長に就任した際、実地訓練の手法として大いに生かされることになった。そして実地訓練も残すところ一カ月に迫った頃……。

一九一一年十月十日。中国の武漢で武装蜂起が成功し、独立を宣言したというニュースが飛び込んできた。辛亥革命がついに成功したのである。次いで上海にいる陳其美から至急電が届いた。

「革命成功、すぐ帰れ！」

武装蜂起の初戦に勝利した革命軍は、全国各地で次々に武装蜂起の準備に着手していた。一刻も早く中国へ帰って戦いの隊列に加わらなければならない。

蔣介石は弾かれたように上官の元へ飛んでいき、「自分は今すぐ帰国します」と報告した。もはや日本陸軍の軍紀も上官の命令も二の次である。はやる心を抑えて営倉に駆け戻ると、出立の準備に取りかかった。ふたりの軍事留学生も同調した。報告を受けた師団長の長岡外史は三人を制止するかわりに、水盃で出陣を祝ってくれた。だが、正式許可が出る前に三人は新潟を後にした。

陸軍省の記録には、陸軍大臣・石本新六の署名により、清国派遣の六十二名の実地訓練生のうち、蔣介石は「逃亡帰国者三名」のひとりとして記された。

蔣介石はだれでも知っているとおり、後に中華民国総統にまで登りつめるのである。出世する人物は勉強など出来なくても、度胸と多少の良い加減さがあったほうがよいということだろうか。

第五章　芥川龍之介より日本語がうまい帝大生——社会主義者・李漢俊

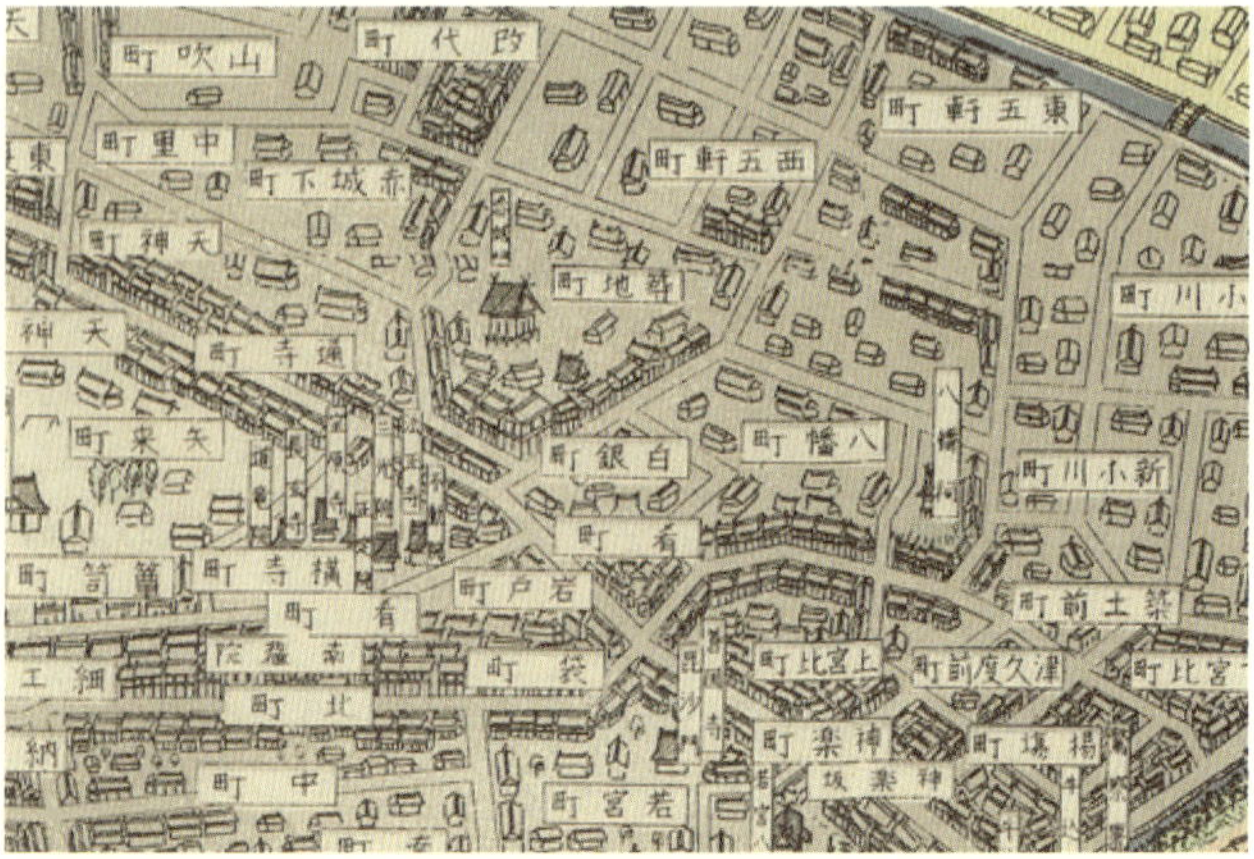

東京一目新図（明治 30 年）

番地入東京大地図（明治 39 年）

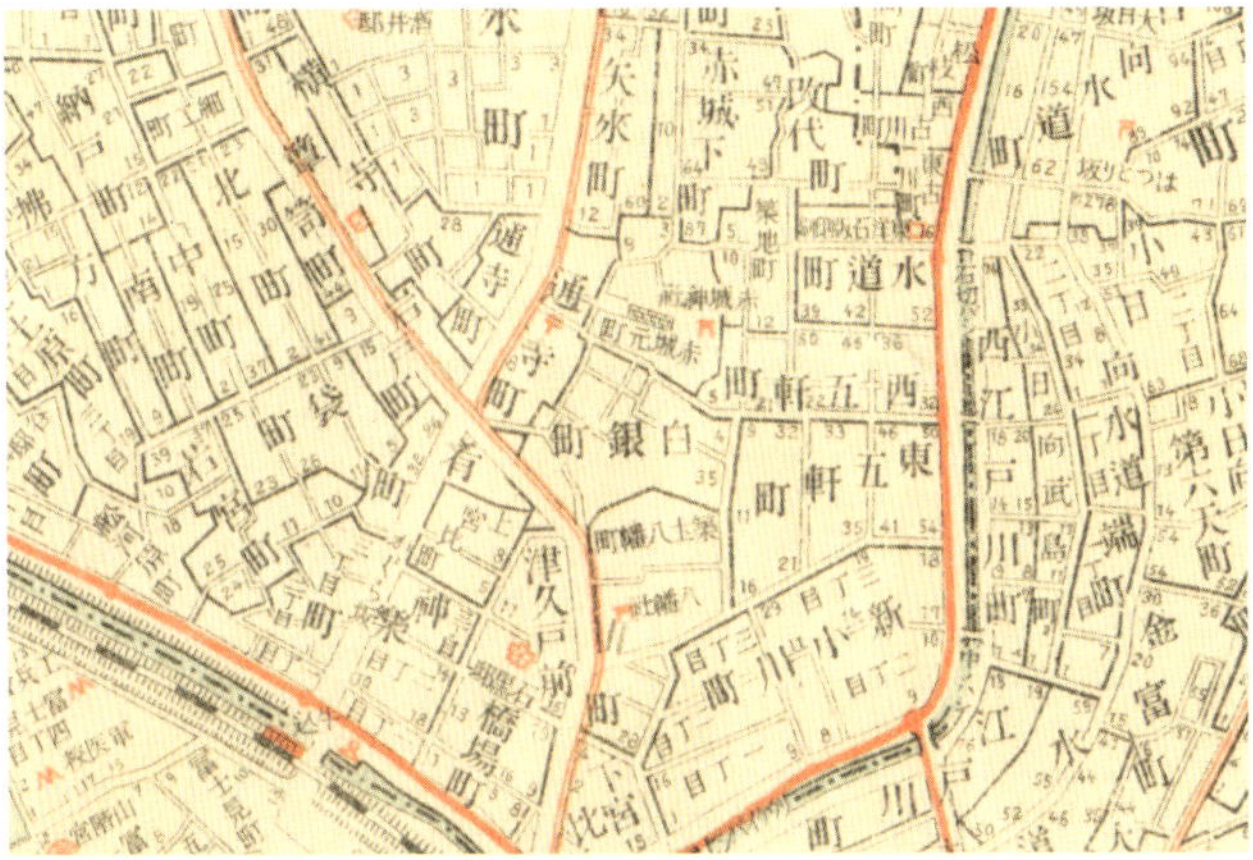

番地入東京市全図訂正 6 版（明治 43 年）

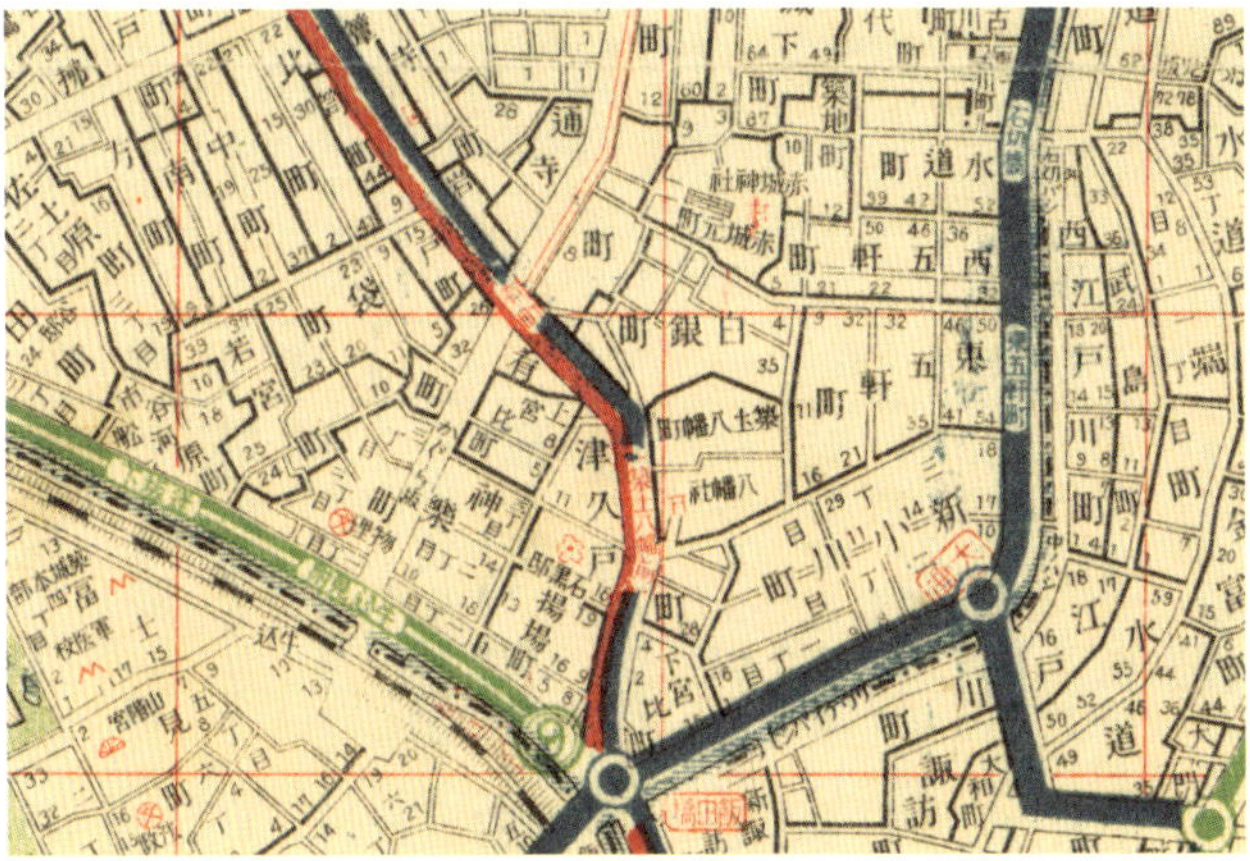

早わかり番地入東京市全図訂正第 46 版（大正 11 年）

「中国共産党はハンサムな青年と美人ばかりだった」と、私の父は言った。

そんな馬鹿なと、私は思った。毛沢東に代表される中国共産党は、泥臭いイメージしかない。だが、戦前、中国共産党員だった父が言うのだから、なにか根拠があるのかもしれないとも感じた。それで中国共産党の創設当時の様子を調べてみた。分かったことは、一九二一（大正十）年に第一回全国代表大会を開いて、中国共産党を立ち上げたメンバーは十三人いたが、全員が大学卒か在学中の男性であり、しかも日本留学生が四人もいたという事実だった。詳しい経緯は拙著『中国共産党を作った13人』（新潮新書）をご覧いただくとして、とにかく、最初に中国共産党を作った人たちの平均年齢は二十七・八歳という若さである。希望と熱意にあふれた人の顔つきは引き締まって見えるものだから、「ハンサムな青年」という表現もあながち間違いではないだろうと、腑

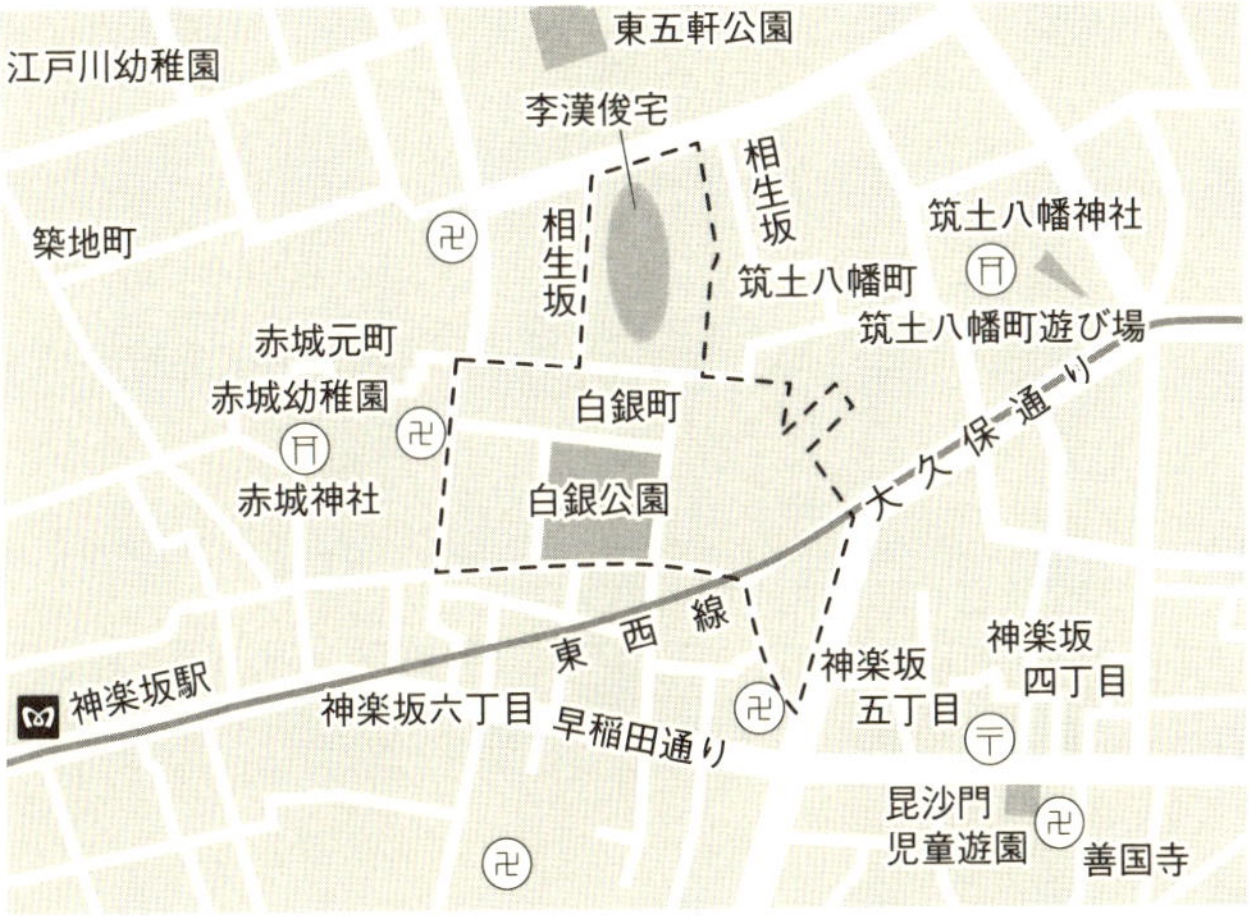

現在の白銀町（破線内）
閏月社作成

に落ちた。

さて、日本留学組の四人とは——東京の第一高等学校に在学中の李達《りたつ》、法政大学を卒業直前の董必武《とうひつぶ》、鹿児島の第七高等学校を卒業して京都大学へ進学が決まっていた周沸海《しゅうふつかい》、そして本章で取り上げる、東京大学土木工学科卒業の李漢俊《りかんしゅん》である。

ご参考までに、残りの九人もご紹介すれば、北京大学在学中の張国燾《ちょうこくとう》と劉《りゅう》仁静《じんせい》、北京大学卒業の陳公博《ちんこうはく》、済南の高校生の王尽美《おうじんび》と鄧恩明《とうおんめい》。それに毛沢《もうたく》東《とう》、何叔衡《かしゅくこう》、包恵僧《ほうけいそう》、陳潭秋《ちんたんしゅう》の四人は各地の高等師範学校の卒業生である。

日本留学についてさらに言えば、彼

ら十三人から「おやじ」と慕われたリーダーの陳独秀《ちんどくしゅう》は、日本へ五回も短期留学して斬新な思想を吸収したし、「兄貴分」でサブ・リーダーの役目を果たした李大釗《りたいしょう》は、早稲田大学を卒業後、北京大学教授に就任して間がなかった。

要するに、中国共産党の創設時のメンバーは日本と縁が深く、直接間接を問わず、当時世界で流行していた社会主義思想を、日本から惜しみなく吸収していたのである。

四人の日本留学組の中でも、とりわけ異彩を放っていたのは湖北省出身の李漢俊である。彼は二十世紀初頭には珍しい「帰国子女」であった。写真を見ると、細面の顔の真ん中に大きな鼻とぽってりした唇があり、広い額が聡明そうで、眼鏡の奥から黒い瞳が強い光を放っている。

一九〇二（明治三十五）年、李漢俊が実兄の李書城の留学に従って来日したときは十四歳だった。全寮制の暁星学校に入学して六年間を過ごした後、名古屋の第八高等学校を経て、一九一五（大正四）年に東京帝国大学土木工学科へ進学した。もうこの時点で日本にすっかり馴染んで、日本語と中国語の完全なバイリンガルになり、日本の若者となんら違いはなかっただろう。

東京大学の学籍簿には、今でも彼の名前が残されている。学籍簿に記された当時の住

もうひとつの相生坂

相生坂

坂の由来

所は、東京牛込区白銀町三十三番地。現在の住所でいえば、東京都新宿区白銀町六番。神楽坂の裏手にあたる相生坂の付近である。

今では大きなマンションや住宅が立ち並び、当時の痕跡はほとんど残っていないが、落ち着いた雰囲気が当時をしのばせる。相生坂の途中に名前の由来を書いた標識が立っていた。「坂名の由来について、二つの坂道が並んでいるから（『続江戸砂子』）、小日向の新坂と向かいあっているから（『御府内備考』）、などの説がある」。

李漢俊は誇り高き東京帝国大学の学生服を身に着け、数冊の本を小脇に挟んで、もしかしたら下駄を鳴らして相生坂を下り、飯田橋から路面電車で本郷まで通ったのだろうか。

もっとも、大学時代の成績は芳しくなかったようだ。代わりに大量の読書を通じて社会主義思想の知識に精通した。在学中の一九一七（大正六）年にロシア革命が起こり、「十月革命」でレーニンの指導するボルシェビキによってソビエト政権が誕生している。社会主義革命の成功が華々しく宣言され、世界中が「新時代の到来」を予見する中で、李漢俊もすっかり社会主義思想に心を奪われてしまったのである。

一九一八（大正七）年、合計十六年を過ごした日本から帰国すると、故郷の湖北省に

『改造』現代支那号、1926（大正 15）年

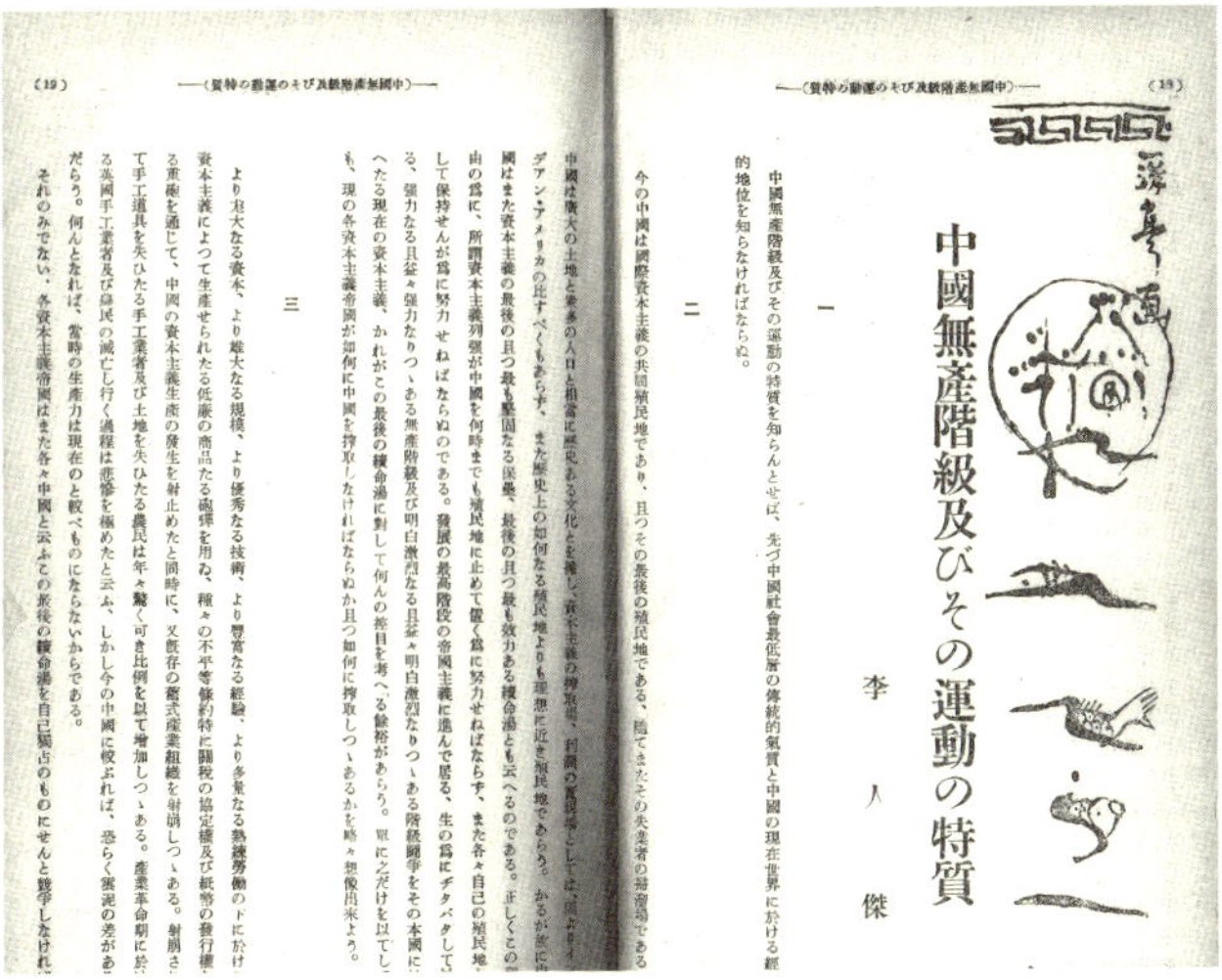

—(中國無產階級及びその運動の特質)—　(18)

中國無產階級及びその運動の特質

李人傑

一

中國無產階級及びその運動の特質を知らんとせば、先づ中國社會最低層の傳統的氣質と中國の現在世界に於ける經
的地位を知らなければならぬ。

二

今の中國は國際資本主義の共同殖民地であり、且つその最後の殖民地である、隨てまたその失業者の掃溜場である
中國は廣大の土地と衆多の人口と相當に歷史ある文化とを擁し、資本主義の搾取場、到頭の商賣場としては、現在のイ
ヂアン・アメリカの比すべくもあらず、また歷史上の如何なる殖民地よりも理想に近き殖民地であらう。かるが故に中
國はまた資本主義の最後の且つ最も堅固なる保壘、最後の且つ最も效力ある續命湯とも云へるのである。正しくこの理
由の爲に、所謂資本主義列强が中國を何時までも殖民地に止めて置く爲に努力せねばならず、また各々自己の殖民地
して保持せんが爲に努力せねばならぬのである。發展の最高階段の帝國主義に進んで居る、生の爲にヂタバタして
る、强力なる且益々强力なりつゝある無產階級及び明白激烈なる且益々明白激烈なりつゝある階級鬪爭をその本國に
へたる現在の資本主義、かれがこの最後の續命湯に對して何んの控目を考へる餘裕があらう。單に之だけを以てし
も、現の各資本主義帝國が如何に中國を搾取しなければならぬか且つ如何に搾取しつゝあるかを略々想像出來よう。

三

より汜大なる資本、より雄大なる規模、より優秀なる技術、より豐富なる經驗、より多量なる熟練勞働の下に於け
資本主義によつて生產せられたる低廉の商品たる砲彈を用ゐ、種々の不平等條約特に關稅の協定權及び紙幣の發行權
る重砲を通じて、中國の資本主義生產の發生を射止めたと同時に、又既存の舊式產業組織を射崩しつゝある。射崩さ
て手工道具を失ひたる手工業者及び土地を失ひたる農民は年々驚く可き比例を以て增加しつゝある。產業革命期に於
る英國手工業者及び農民の滅亡し行く過程は悲慘を極めたと云ふ、しかし今の中國に較ぶれば、恐らく雲泥の差があ
だらう。何んとなれば、當時の生產力は現在のと較べものにならないからである。
それのみでない。各資本主義帝國はまた各々中國と云ふこの最後の續命湯を自己獨占のものにせんと競爭しなけれ

(19)　—(中國無產階級及びその運動の特質)—

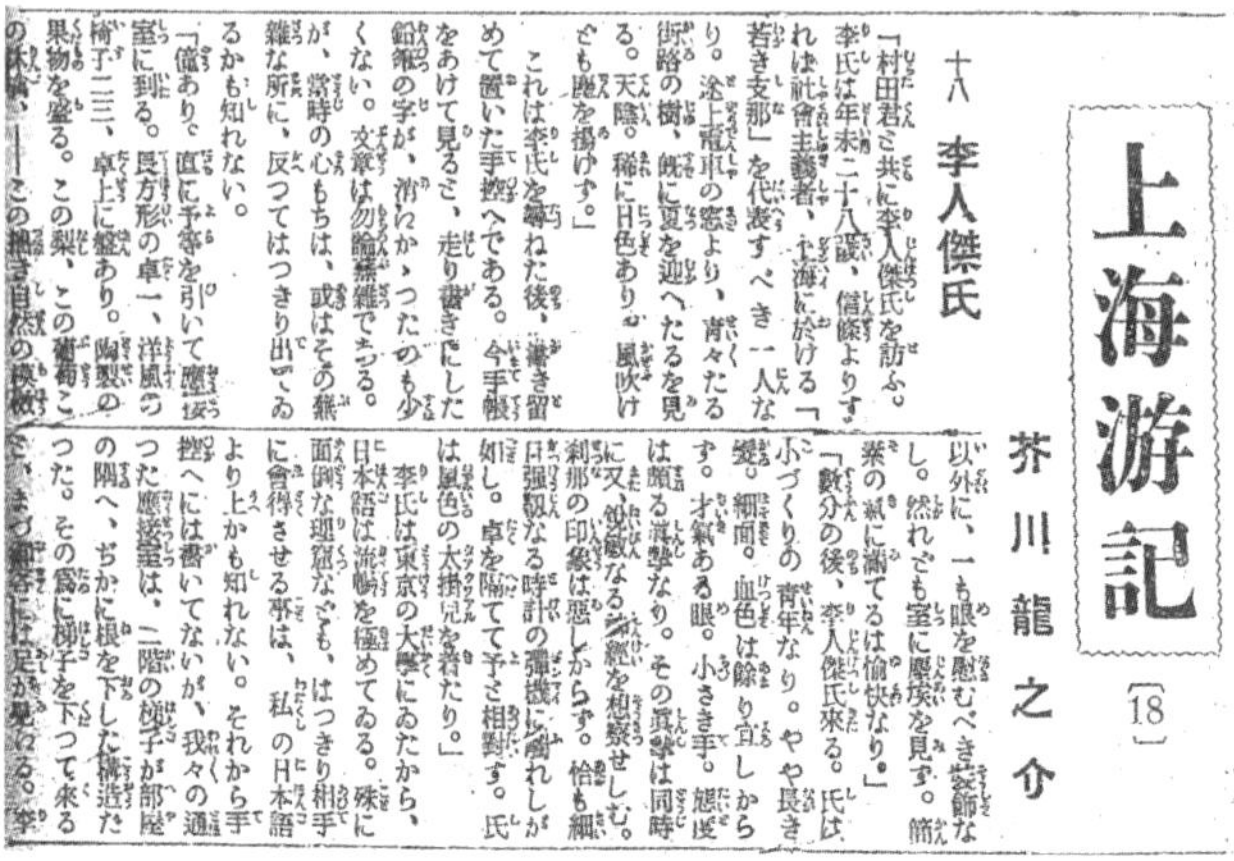

上海游記 〔18〕

芥川龍之介

十八　李人傑氏

「村田君と共に李人傑氏を訪ふ。李氏は年未二十八歳、信條よりすれば社會主義者、上海に於ける「若き支那」を代表すべき一人なり。途上電車の窓より、青々たる街路の樹、既に夏を迎へたるを見る。天陰。稀に日色あり。風吹けども塵を揚げず。」

これは李氏を尋ねた後、書き留めて置いた手控へである。今手帳をあけて見ると、走り書きにした鉛筆の字が、消えかかつたのも少くない。文章は勿論蕪雜である。が、當時の心もちは、或はその蕪雜な所に、反つてはつきり出てゐるかも知れない。

「僮あり。直に予等を引いて應接室に到る。長方形の卓一、洋風の椅子二三、卓上に盤あり。陶製の果物を盛る。この梨、この葡萄、この林檎、——この拙き自然の模倣以外に、一も眼を慰むべき裝飾なし。然れども室に塵埃を見ず。簡素の氣に滿てるは愉快なり。」

「數分の後、李人傑氏來る。氏は小づくりの青年なり。やや長き髮。細面。血色は餘り宜しからず。才氣ある眼。小さき手。態度は頗る眞摯なり。その眞摯は同時に又、鋭敏なる神經を想察せしむ。刹那の印象は惡しからず。恰も細且强靱なる時計の彈機に觸れしが如し。卓を隔てて予と相對す。氏は鼠色の大掛兒を着たり。」

李氏は東京の大學にゐたから、日本語は流暢を極めてゐる。殊に面倒な理窟なども、はつきり相手に會得させる事は、私の日本語より上かも知れない。それから手控へには書いてないが、我々の通つた應接室は、二階の梯子が部屋の隅へ、ぢかに根を下した構造だつた。その爲に梯子を下つて來ると、まづ御客には足が見える。李

大阪毎日新聞（大正10年9月8日付）

は戻らずに上海の実兄の元へ身を寄せ、積極的に著作活動に励んだ。日本の雑誌『改造』などにも「李人傑《りじんけつ》」の名でよく寄稿したことから、日本でも中国の代表的な社会主義者として知られるようになった。

彼が住んだ上海の家は、フランス租界にある貝勒路樹徳里三号。この高級住宅で、三年後の一九二一年七月、李漢俊は全国から集まった若者たちと正式に中国共産党を立ち上げるのである。今日では、この邸宅は「中国共産党第一回全国代表大会跡地」として記念館になっている。

ところで、芥川龍之介が中国を訪問したのは、一九二一年三月のことである。

大阪毎日新聞の「社友」、つまり海外視察

員として派遣された芥川は、四カ月にわたって上海、南京、九江、漢口、長沙、洛陽、北京、大同、天津などを歴訪し、同年八月より同紙に「上海游記」の連載を開始した。その見聞記の最初の訪問地・上海で、芥川は李漢俊にインタビューを申し込み、この邸宅を訪ねている。芥川の印象によれば、

李（人傑）氏は年未だ二十八歳、信条よりすれば社会主義者、上海に於ける「若き支那」を代表すべき一人なり（『上海游記　江南游記』講談社文芸文庫、二〇〇一年）。数分の後、李人傑氏来る。氏は小づくりの青年なり。やや長き髪。細面。血色は余り宜しからず。才気ある眼。小さき手。態度は頗る真摯なり。その真摯は同時に又、鋭敏なる神経を想察せしむ。刹那の印象は悪しからず。恰も細且強靭なる時計の弾機《ぜんまい》に触れしが如し。卓を隔てて予と相対す（同前）。

芥川は初対面の李漢俊に好感を抱いたらしい。彼の日本語能力の高さにも驚きつつ、「李氏は東京の大学にいたから、日本語は流暢を極めている。殊に面倒な理窟なども、はっきり相手に会得させる事は、私の日本語より上かも知れない」（同前）と、誉めそ

やしている。また、中国の今後の見通しについて質問した後、芥川はこうも書き記した。

李氏又云う。種子は手にあり。唯万里の荒蕪、或は力の及ばざらんを惧る。吾人の肉体、この労に堪うるや否や、憂いなきを得ざる所以なりと。言い畢って眉を顰む（同前）。

「種子は手にあり」――。

その言葉の真意を、芥川龍之介は理解できなかったはずである。

李漢俊はそれから僅か三カ月後の七月、芥川と会った同じ応接室で十三人の若者たちと秘密会議を開き、中国共産党を組織した。「種子」とは、社会革命のために発足させようと準備していた「小さな組織（中国共産党）」を指していたのは確かだろう。そして今後の活動が過酷なことを予期して、彼自身の体力が持ち堪えられるかどうかを危ぶみ、おもわず眉をひそめたのにちがいない。

だが、中国共産党を作ったものの、実情は困難を極めた。実戦経験がだれにもなく、戦略を立てられず、失敗を繰り返して右往左往した。そうした日々の中で、当面は社会主義思想の宣伝普及に重点を置こうと主張する李漢俊は、性急に労働運動を指導しようとする過激派から「右翼」呼ばわりされて、まもなく離党した。

一九二七（昭和二）年、逆境にあった中国共産党の中から、国民政府との交渉役として力量を買われた李漢俊に復党を望む声が大きくなった。だが、その矢先、武漢に猛攻撃をしかけた武漢衛戍司令の軍閥、胡宗鐸に逮捕され、翌日の十二月十七日夜八時、済生三馬路大通りの広場に引き出されて、夥しい銃弾を浴びて殺害された。享年三十七。日本という「知の宝庫」で育まれ、母国の再生に情熱を注ぎこんだ秀才の夢と理想が、轟く銃声とともに潰えたのであった。

Ⅱ　本郷

第六章　清国人最初の日本語学校——弘文学院

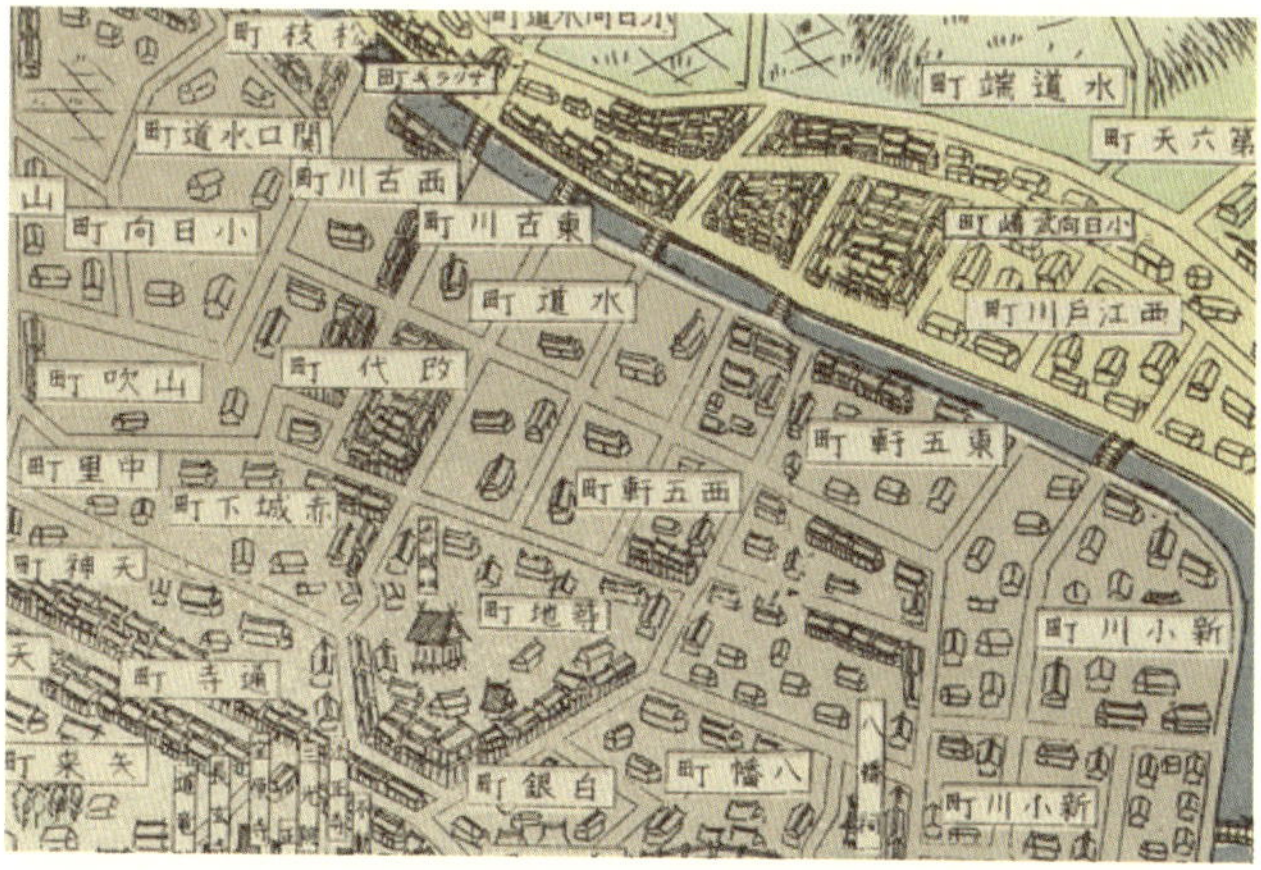

東京一目新図（明治 30 年）

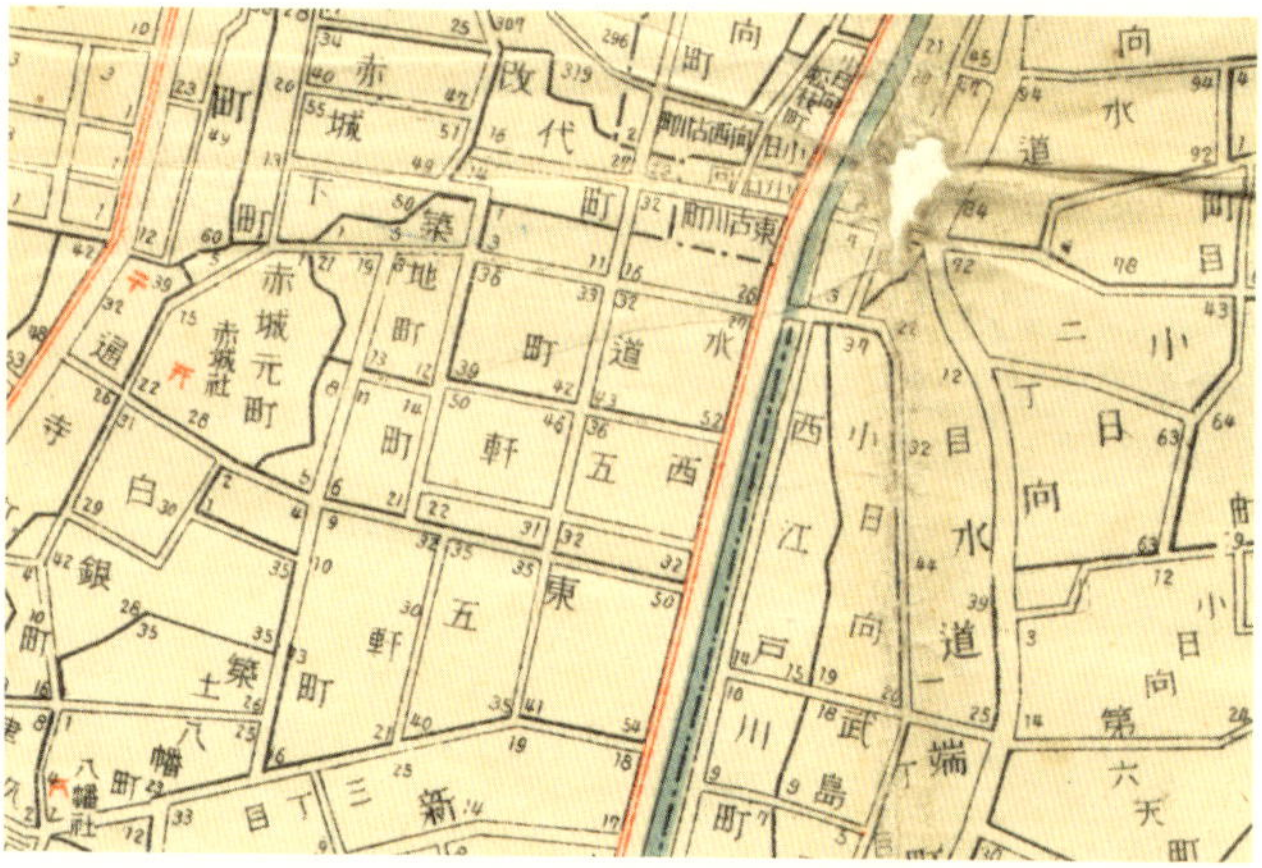

番地入東京大地図（明治 39 年）

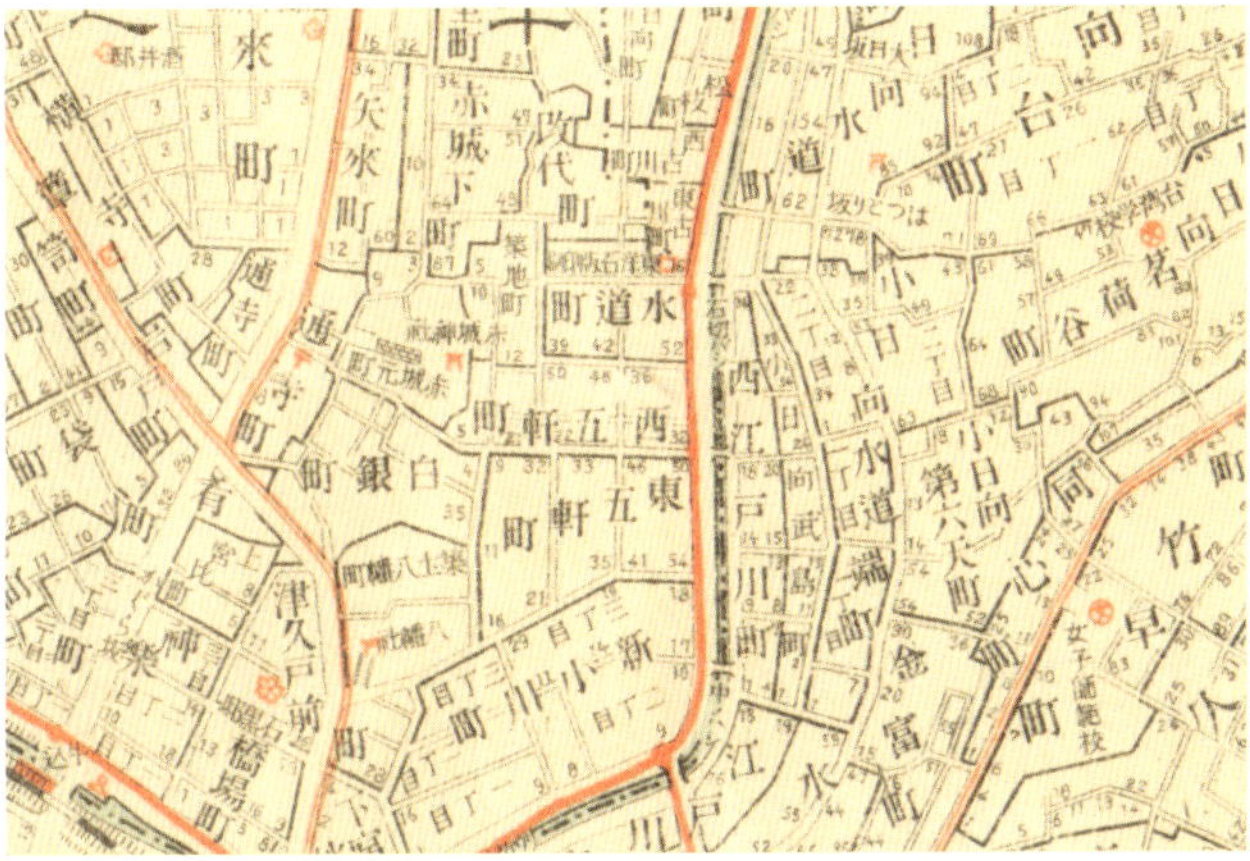

番地入東京市全図訂正 6 版（明治 43 年）

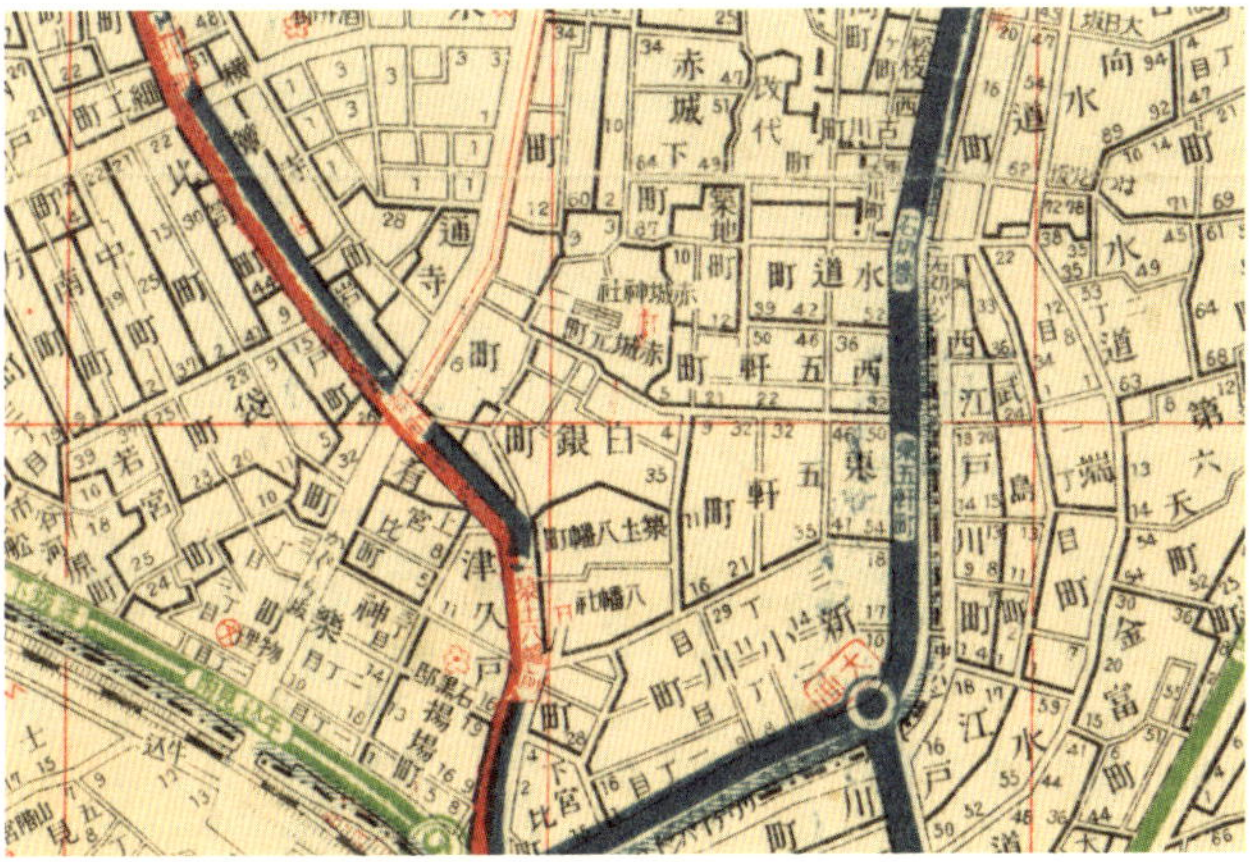

早わかり番地入東京市全図訂正第 46 版（大正 11 年）

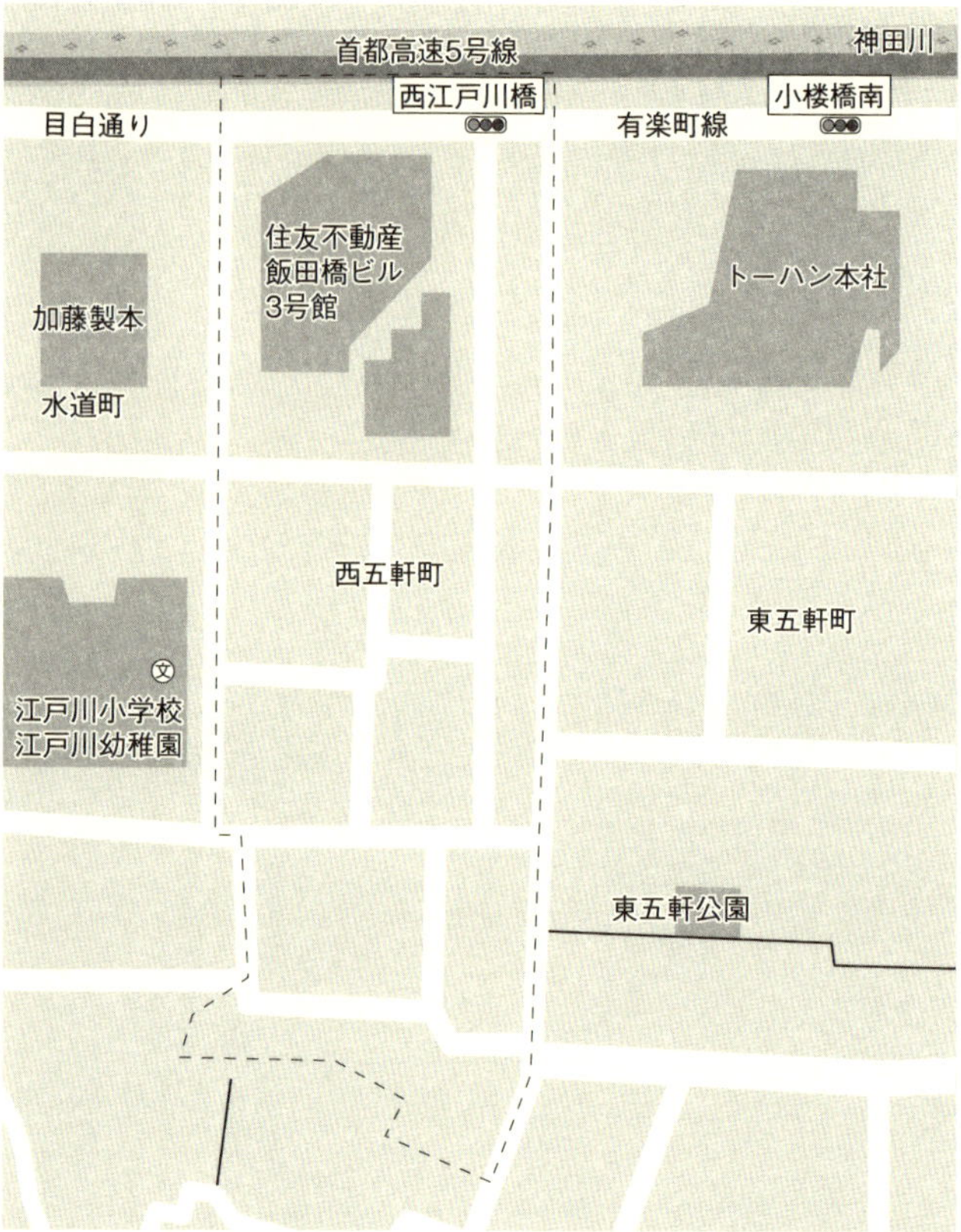

現在の西五軒町（破線内）
閏月社作成

江戸川橋交差点から神田川に沿って飯田橋方向へ五分ほど歩いたところに、住友不動産の高層ビルの社屋と高層マンションが建っている。両方合わせるとかなり広い敷地だ。ここにはかつて清国人専門の日本語学校である弘文学院《こうぶんがくいん》があった。住所は東京市牛込区西五軒町三十四番地（現、新宿区西五軒町十二、十三番）。弘文学院はこの一区画すべてを占める和風の大邸宅だった。

総面積は約三千坪。敷地内には樹木が生い茂り、敷石を配した日本庭園があった。その中に百二十二坪の木造平屋建ての校舎一棟と大小さまざまな十二棟の建物が点在していた。開校期日に間に合わせるため、急きょ神田在住の富豪の山崎武兵衛が所有する大邸宅を丸ごと借り受けたのである。

今、その場所を訪れてみると、道一本隔てて流れる江戸川（現、神田川中流）が目に入り、川面を吹き渡る緩やかな風が、一瞬、大都会の喧騒を忘れさせてくれる。

弘文学院は一九〇二（明治三十五）年、日本最初の清国留学生教育機関として設立された。校長は講道館を創設して「柔道界の父」として知られる嘉納治五郎である。嘉納はスポーツ振興を通じて幅広い人間形成を提唱する一方、東京高等師範学校の校長も務める教育者で、その熱意と使命感が清国人教育にも振り向けられたのである。


清国の日本留学制度は、もとを辿れば一八九六（明治二十九）年、警務学堂から十三人の留学生を日本へ派遣したときに始まる。清国は日清戦争で日本に敗れた原因を、日本が欧米から近代化を学んだことによるものと見定め、明治維新の成功の秘訣を学ぶために留学生を日本へ派遣した。だが日本を選んだ理由はそればかりではない。実はアメリカとヨーロッパへの留学生派遣に失敗した結果でもあったのだ。

アメリカ留学は、清国人最初の留学生だった容閎が名門校イェール大学を卒業して帰国後、アメリカ留学政策を立ち上げて、一八七二年から始められ、総勢百二十名の清国留学生をアメリカへ派遣した。だが平均年齢十二歳という幼年留学生たちはアメリカ生活に順応し過ぎたことや、アメリカ政府が陸軍士官学校、海軍兵学校への入学を拒否したことで、清国政府は怒って全員を引き上げさせてしまった。ヨーロッパの陸海軍への留学生派遣も不首尾に終わり、一八八〇年代には留学制度そのものを停止した。それが再開されたのは一九〇一年、清国が義和団事変で八カ国連合軍に負けて富国強兵の必要を強く感じたからだった。派遣先として近代国家・日本が定められた。日本は同じアジアの国で欧米諸国ほど文化的差異がなく、漢字も共通している。おまけに軍人教育も受け入れるという。いきおい清国は日本へ傾倒した。

高速道路に被われた江戸川＝神田川

一八九六（明治二十九）年、清国の外務省にあたる総理事務衙門は、駐日公使の裕庚を通じて日本の外務大臣の西園寺公望に留学生の受け入れを要請した。文部大臣を兼務する西園寺は、旧知の嘉納治五郎に相談を持ちかけた。

嘉納治五郎は即座に快諾すると、自宅近くの神田区三崎町に民家を借り、東京高等師範学校教授の本田増次郎を主任に指名して、寺子屋方式で日本語を教えた。理科、数学、体操などの科目は、高等師範学校の教室や設備、校庭を使った。教育期間は三年と決めた。すべてが手探り状態だったが、嘉納は嬉々として教育した。その様子を見て、『勧学篇』を記して海外留学を提唱した清国の湖広総督・張之洞《ちょうしどう》が地方財政の中から奨学金を捻出して留学生を送り込んできた。嘉納は専任者を同居させた宿舎を設け、一八九九(明治三十二)年十月、亦楽《えきらく》書院を開校した。名前の由来は論語の一節からとった。

有朋自遠方来、亦不楽也
(友あり遠方より来る、また楽しからずや)

嘉納の熱い気持ちがあふれている命名である。

一九〇一年、新たに警務学堂から二十六名の留学生が送られることになり、あちこち場所を探した結果、牛込区西五軒町三十四番地の大邸宅を借りることができた。それが冒頭にあげた三千坪の学校である。名前も、嘉納がかつて開講していた私塾「弘文館」(設立は明治十五年三、四月頃とされる)からとって、「弘文学院」とした。準備が整うと、嘉納は外務大臣・小村寿太郎（当時）と相談の後、正規の教育機関として東京府へ認可申請を行い、一九〇二年に正式認可が下りるのと同時に、弘文学院を開校したのであった。

ときはまさに日本留学ブームである。

弘文学院が開校した一九〇二年、日本には清国人留学生が合計六百八名いたが、一九〇五（明治三十八）年に日本が日露戦争に勝利したことと、同年に清国で科挙制度が廃止されたことから、日本留学ブームに一気に火が付いた。同年は約八千名、翌一九〇六（明治三十九）年には約一万二千名に急増した。

さて、弘文学院の第一期生には、鉱務鉄路学堂の卒業生五人とともに入学した魯迅がいる。湖南師範学校の教員だった黄興《こうこう》も在籍し、弘文学院で宋教仁、陳天華ら湖南出身者数名と知り合い、帰国後に革命結社「華興会」を組織することを相談した。『新青年』を発行して新文化運動を提唱し、五四運動の火付け役となった陳独秀も、短期間だが同校にいた時期がある。また、一九二一年の中国共産党第一回全国代表大会の参加者のひとり、李漢俊の兄である李書城《りしょじょう》も、同校に学んだ。李書城は後に孫文・国民政府の高級軍人になった人だが、毛沢東も参加した中国共産党第一回全国代表大会の開催地は、李書城の上海の邸宅である。その他、名前を挙げれば切りがないほど大勢の留学生が中国革命に携わっている。

嘉納治五郎が湖広総督・張之洞の招きに応じて清国へ教育視察の旅に出たのは、開校したばかりの弘文学院が夏休みに入った一九〇二年七月のことだった。

嘉納の旅は二カ月半に及び、北京、天津、保定、上海から揚子江を遡って南京、安慶、武昌、長沙と巡り、北京では清朝政府の親王や大臣と教育政策について話し合い、各地で総督や巡撫から大歓迎を受け、教育関係者と意見交換した。

それにしても過酷な旅だったようだ。上海へ向かう船旅は大荒れになり、南京では酷暑に苦しめられた。長沙から武昌への長江下りの船旅では砂州に乗り上げて立ち往生し、危うく海賊に襲われかけたときの武勇伝が残っている。

夕闇迫る頃、船の周囲に洞庭湖に出没する海賊船が十五隻ほど集まってきた。随行員たちは気色ばり、日本から携えて来た「粟田口義光」の刀の鞘に手をかけて、嘉納の周囲を固めた。今にも乗り込もうとする海賊と対峙するなかで、嘉納ひとりが落ち着きはらい、「今夜の月は凄いようだ」と言うと、そのまま眠ってしまったという。柔道で鍛えた嘉納なら、海賊など投げ飛ばせばよいとでも考えていたのだろうか。結局、まんじりともしないまま夜が明けて、外国汽船に二百四十ドルの報酬を支払って牽引され、船はようやく砂州を抜け出した。

嘉納は帰国後、清国視察旅行の印象を、「清国巡遊所感」など数編にまとめて雑誌『国士』に記した（『嘉納治五郎大系』第九巻、本の友社、一九八八年）。嘉納は言う——

日本では、清国は大いに覚醒して刷新を図ろうとしていると考えられているが、現実は決してそうではない。日本に来た清国の視察員や留学生たちの改革意欲に燃える姿だけを見て、清国全体がそうなのかと思うのは大きな間違いである。

自分の見るところ、世界の知識を輸入して近代的な教育を普及させ、世界の強国と肩を並べるだけの国力を備えたいと熱望しているのは、実は「某大臣、某総督、某志士、某学者というがごとき僅々の人士」だけであって、地方全体ではそんな雰囲気はない。そのために、せっかく海外留学して帰国しても、憂国の心情に駆られて急激な主張を唱えれば、大多数の頑迷な人々から拒絶され、海外留学は有害だとまで言われてしまう。

「その心情まことに憐れむべきものあり」

嘉納は清国の現実と欠陥を鋭く見すえていたのである。

一九〇二年秋、湖南省派遣の「速成師範科」十名らの卒業式を前にした十月二十一日、嘉納は講話を行った。その内容が全校を巻き込む大論争に発展した。『魯迅　日本という異文化のなかで』（北岡正子著、関西大学出版部、二〇〇一年）によれば、嘉納はこう語った。

中国で最も急を要する教育は、普通教育と実業教育である、専門教育はその上に立つ。普通教育の目指すものは、国家の一員としての資格を備えた国民の養成である。大学教育は普通教育の普及をまって行うべきだが、専門教育の中で、師範教育と法学・医学の教育だけは、緊急に必要なものである。

また「法学を学ぶ者には道徳教育の必要がある」とも言った。法学を学ぶには節度をもって「権利義務」を正しく学ぶ必要があり、そのためには道徳教育が大切だから、「中国の改革は急進的にではなく、平和的で漸進的に行うのが良い」というのが、嘉納の考え方であった。

講話が終わると、突然、ひとりの学生が立ち上がって質問した。

「清朝高官の眼中にあるのは己の爵禄の保全だけです。国民や国家のために働く心はない。このような者の心をいかにして動かすのでしょうか」

湖南省出身の聴講生で、革命思想に傾倒していた楊度《ようたく》だった。

楊度は、「中国の救亡に役立つのは、いかなる教育か」と質問した。彼の主張によれば、百年来の欧州の近代化はフランス革命以来の急進的改革の成果であり、明治維新はその潮流の先端にある。この急進的改革、つまり革命こそが、中国数千年の弊害を除き、民意を発揚させ、国を滅亡から救う。だから、教育の使命とは、この精神を養うことにあるのではないか、と言うのである。

だが、嘉納は清国の体制維持を前提として「平和的進歩主義」（漸進的改革）を主張し、「民度の向上をはかることが中国の最優先課題であり、それが教育の役目なのだ」と応じた。

会合は四回つづき、ついに激昂した嘉納は傲然と言い放った。

中国の国体は、「支那人種」が「満州人種」の下に臣服することで成り立っており、この名分にはずれてはならぬのである。ゆえに、「支那人種」の教育は、「満州人種」に服従することをその要義とする……この（支那人種の）民族性は長い間にできあがってしまったものだ。

さらに「（漢民族の）奴隷的な根性は改善の見込みがない」とも断言した。

楊度はこう切り返した。

だからこそ西欧列強の高度な文明に迫られて「危急存亡」の秋にある中国は、このままでは滅亡する。同じ滅亡するなら革命を起こして「百亡の中に一存を求める」ことが急務だ。

結局、議論は平行線をたどり、最終的に嘉納が譲歩した。

教育は、強権に服してはならぬが、公理には服すべきである。

公理主義を教えるのが教育である。

「革命」か「道徳教育」か、「時間をかけて変革する」のか「一気に根底から覆す」のか、という議論は、当時の留学生たちにとって重大な問題だったのである。今日の中国問題を考える上でも、熟慮すべき問題のひとつではないだろうか。

弘文学院は一九〇二年に開校し、一九〇九(明治四十二)年に閉校するまで、僅か八年の歴史しかない。だがその間に入学した中国人留学生の総数は七千百九十二人にのぼり、約半数の三千八百十人が卒業・修業している。弘文学院は、清末から民国初期にかけての中国近代史の中で、多くの指導的人材を養成した日本の教育機関であり、革命思想を醸成するためのいわば「揺りかご」のような存在だったのである。

第七章　中国の西郷隆盛——黄興の暮らしぶり

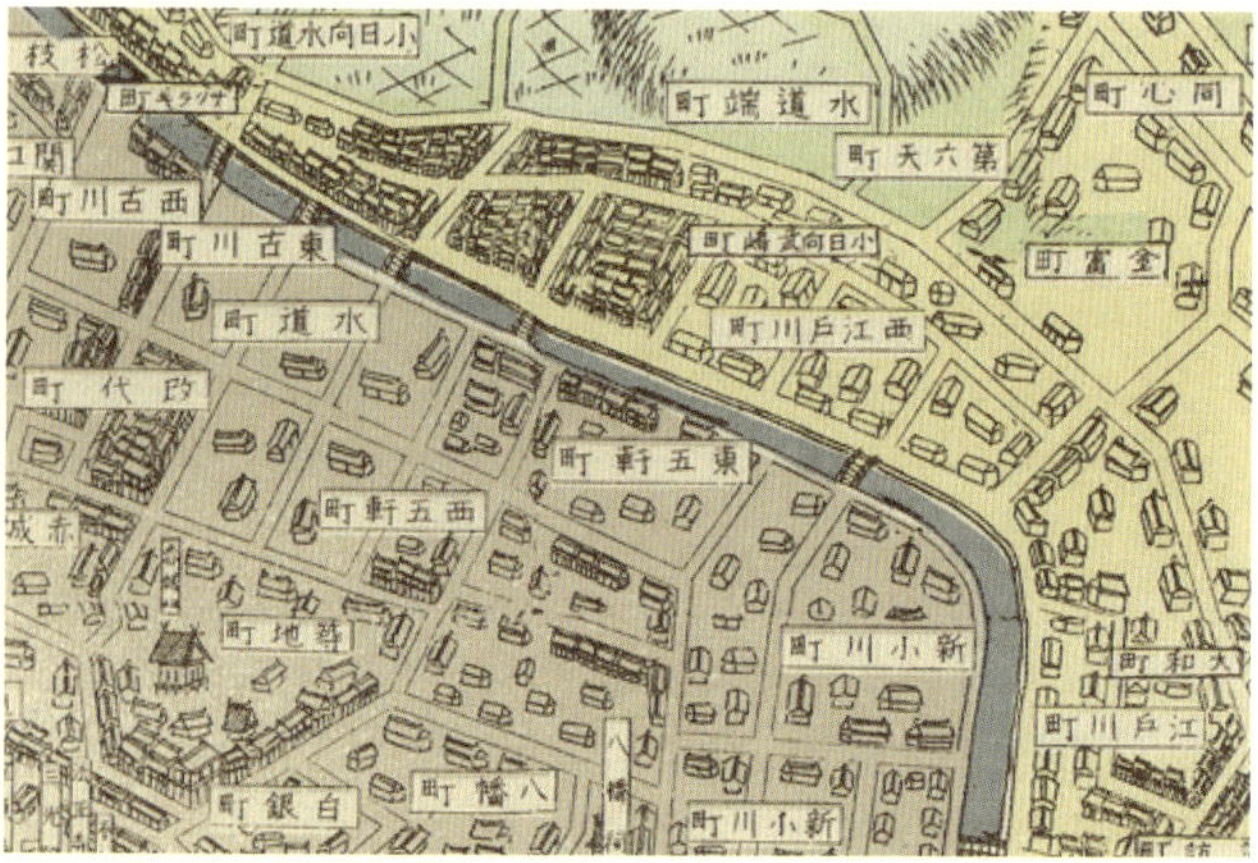

東京一目新図（明治 30 年）

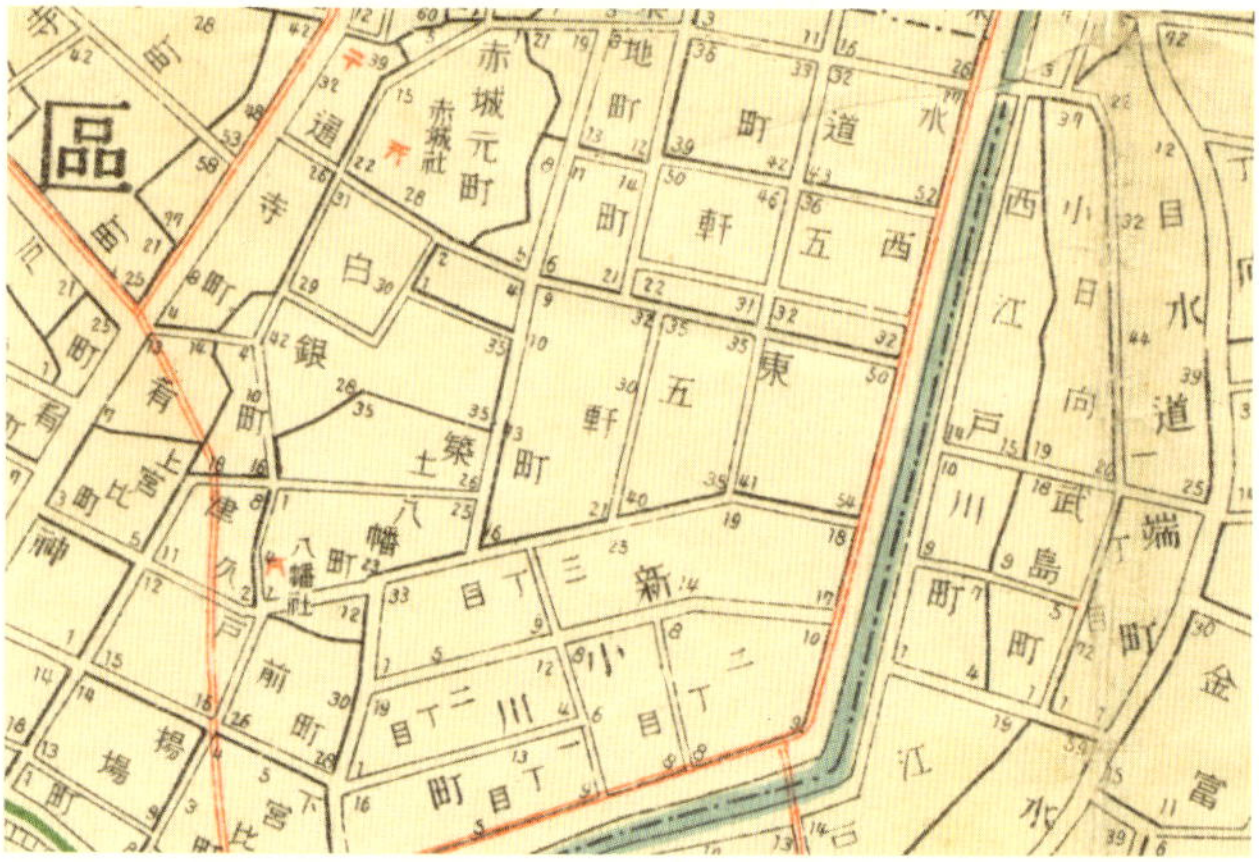

番地入東京大地図（明治 39 年）

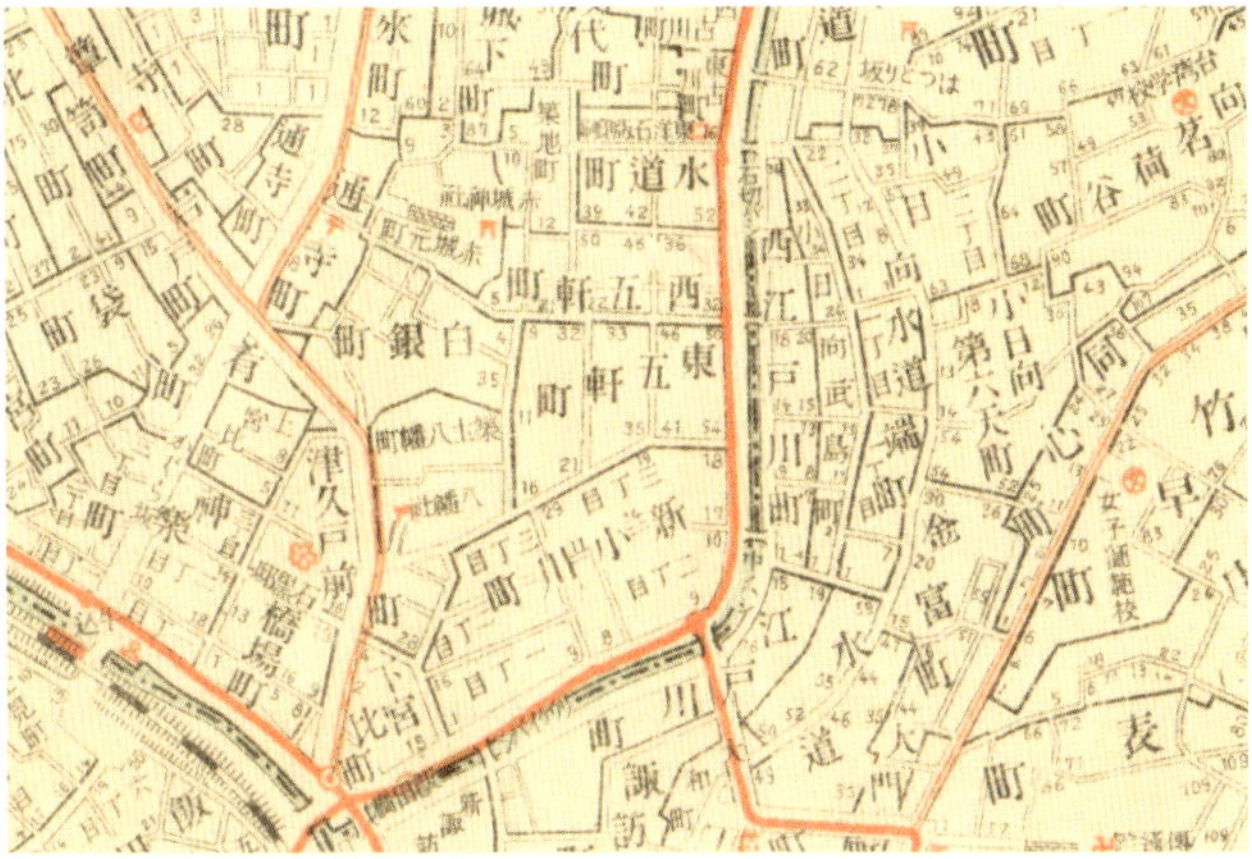

番地入東京市全図訂正6版（明治43年）

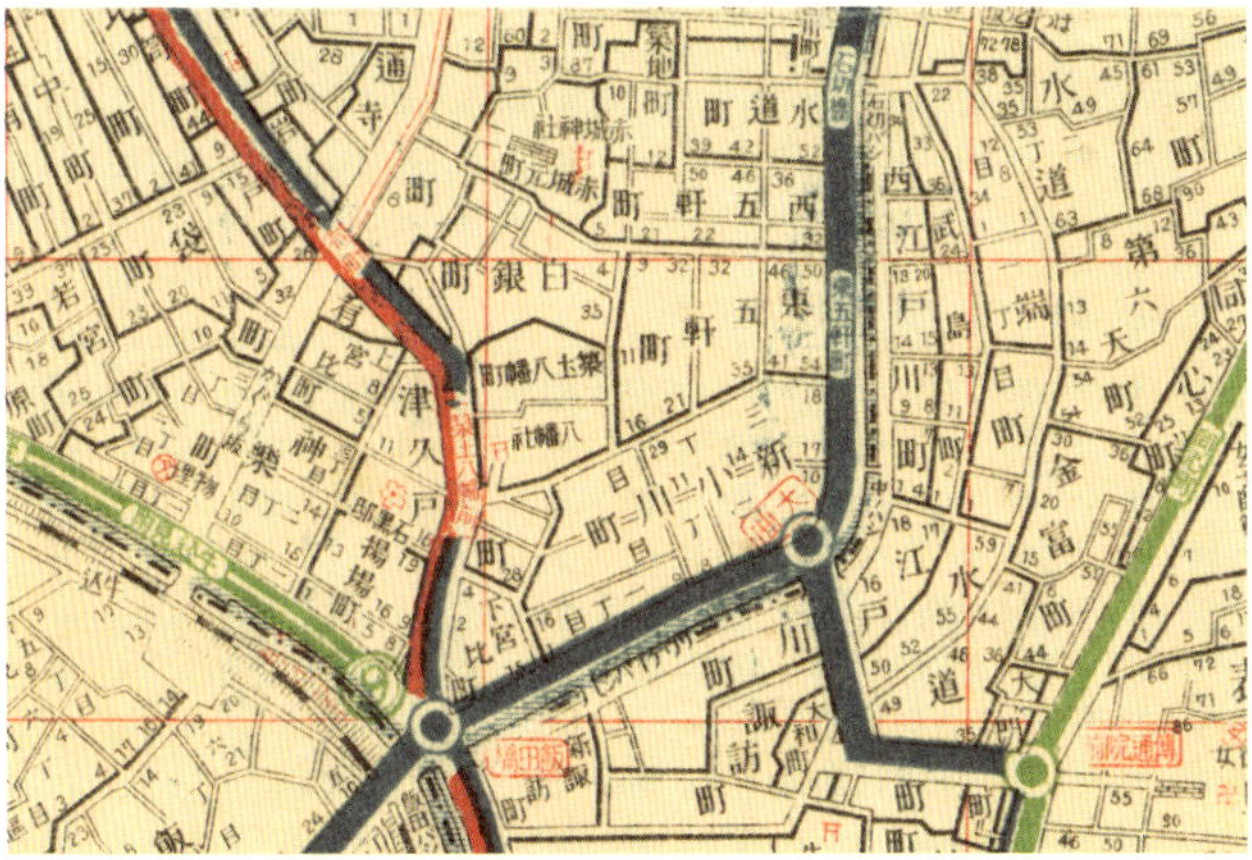

早わかり番地入東京市全図訂正第46版（大正11年）

現在の東五軒町（破線内）
閏月社作成

黄興《こうこう》は豪傑である。どことなく風貌が西郷隆盛に似ている。がっしりした体格に猪首がのり、丸顔の中央に胡坐をかいた獅子鼻とぽってりした唇がある。真一文字に伸びた太い眉の下の両眼が強い光を放ち、いかにも豪胆そうだ。だが性格は気さくで朴訥として情にもろい。おまけに無口ときている。辛亥革命では十度もの熾烈な戦いの最前線で指揮を執り、同志たちの信頼はすこぶる篤かった。辛亥革命が成功して中華民国臨時政府が樹立すると、請われて陸軍総長に就任したが、権力や出世にはおよそ無関心だった。

黄興自身も西郷隆盛に惚れ込んでいたらしい。

日本亡命中の一九〇九（明治四十二）年一月、熊本出身の志士・宮崎滔天に案内されて鹿児島まで足を運んでいる。西郷隆盛の眠る南洲墓地へ墓参りするためだったが、そのとき西郷隆盛を偲んで詠んだ詩が、二〇〇七年になって南洲墓地の一角に記念碑として刻まれた。

八千子弟甘同塚　幾千もの弟子が師とともに塚に眠る
世事唯争一局棋　世事はただ一局の囲碁の争いなり
悔鋳当年九州錯　悔やむは往年の西南戦争の敗北にして
勤王師不撲王師　勤皇の師はもとより皇軍の師を滅す意にあらず

黄興は湖南省出身の革命家で、一八七四年に名門の家に生まれ、名を軫《しん》、号を克強《こくきょう》という。十九歳で科挙の試験に合格して「秀才」の称号を得て、湖広総督の張之洞の設立した両湖書院で学び、外国人教師のティモシー・リチャードの西洋近代史の講義を受けて、革命の志を立てたという。

初来日は一九〇二（明治三十五）年。二十八歳のときに、湖北省派遣の官費留学生十名のうちの一人として来日し、清国留学生のための日本語学校、弘文学院速成師範科の第一期生になった。

弘文学院については、第六章で紹介したとおりで、校長は講道館を開いた嘉納治五郎である。嘉納が作った日本最初の文部省認可の日本語学校には、開設初年度に二十余名の清国留学生が寄宿生になった。黄興（黄軫）の同期生には、後に文豪として知られる魯迅（周樹人）、横浜華僑の文学者で後に僧侶になった蘇曼殊《そまんじゅ》の従兄・蘇維翰《そいかん》、中国共産党の創設メンバーで中心的存在・李漢俊（李人傑）の兄で国民政府軍の重鎮となる李書城など、錚々たる人物がキラ星のように名を連ねている。

もっとも、黄興の留学は「一時避難」の意味合いが強かった。というのも、清国では二年前の一九〇〇年に起きた義和団事変で清朝政府が惨敗を喫し、欧米列国に対する巨額の賠償金を抱え込んで、国力は衰退の一途を辿っていた。古色蒼然とした清朝政府に業を煮やした開明派の官僚や知識人は政治改革を模索し、激した青年たちは政府転覆を図って全国各地で暴動を企てた。

黄興の出身地・湖南省でも、秀才で有名な唐才常《とうさいじょう》が清朝政府から独立することを主張して「自立軍」を組織し、武装蜂起を企てたが失敗し、唐才常は処刑された。唐才常に呼応して蜂起しようとした黄興は機を逸し、再起を図って準備する間、しばらく日本で新知識でも得ようと来日したのである。

しかしながら、弘文学院は設立したばかりで、教育方針も経営方法も手探りの状態だった。清国留学生たちは日本の風俗習慣に戸惑い、授業のカリキュラムや寄宿舎生活にも不満を募らせた。学校側と折衝したものの話し合いはつかず、ついに怒った学生たちは授業をボイコットして宿舎から立ち退くという「退学事件」が起こった。その事件の詳しい経緯はここでは省略するが、湖北省出身者で作った当時のミニコミ雑誌『湖北学生界』第四期（一九〇三年四月二十七日）に、「弘文学院学生退校善後始末記」として学生側の主張が掲載されている。これには黄興も深く関わっていたにちがいない。

いや、そもそも黄興は唐才常の「弔い合戦」で頭がいっぱいで、日本語の勉強どころではなかった。日本で知り合った宋教仁ら、同郷の留学生たちを集めて再起を誓い合い、一九〇三年に帰国すると、湖南省で「華興会」を結成して長沙蜂起を画策した。しかし決起直前に情報が洩れて、失敗。黄興は再び日本へ亡命する羽目になった。

一九〇四（明治三十七）年、二度目に来日した時、日本ではすでに湖南省の武装蜂起の様子が清国留学生たちの間で知れ渡り、黄興は〝英雄〟として大歓迎を受けた。世界を回って来日した孫文と初対面で意気投合し、革命連合組織の中国同盟会を組織したのは一九〇五（明治三十八）年八月のことだった。

中国同盟会が結成されると、黄興は早稲田大学に在籍しながら、機関誌『民報』の発行準備にとりかかった。最初にしたのは家探しだ。彼は宮崎滔天を介して知り合った福岡出身の志士・末永節に、「雑誌の編集部を置くための家を借りたい」と告げた。末永節は大アジア主義者の頭山満を総帥とする玄洋社社員で、武道家。後に全日本少林寺拳法（現、「全日本少林寺拳武徳会」）の初代宗家となる。黄興と二人で東京の貸家を数件見て回ったときのことを、末永節はこう証言している。


　『民報』をやったのは牛込の○○《ママ》というところだった。その家を探す時も黄興と二人であちこち歩き回った。

　麹町の大きな門構えのケヤキの巨木のある家をみつけて、この家にしようではないかと言ったが、黄興はこれにするとは言わなかった。それがずっと回って、牛込を歩いておったところが、貸家と書いてあったので、そこに入った。うちに泉水がある家だったが、間取りを見た上で、黄興が、

　「此処にしましょう」と言う。

「どうして……」と問うと、
「あの麹町の家は暗いと思います。目が悪くなります。この家がいいです。ここに水があるでしょう。ここに鯉を入れればよいでしょう。あなたは鯉が好きでしょうが……。二人で食べましょう」
と言うから、ここを借りることに決めて、その保証人がいるので、古賀廉造さんのところへ頼みに行きました。……古賀廉造は大審院の検事で、なかなか立派な人だった。家主も快く承諾してくれた。

（浅野英夫編、『無頼放談』社団法人・玄洋社記念館発行、二〇一六年）

こうして『民報』編集部の所在地が決まった。住所は、牛込区東五軒町十九番地（現、新宿区東五軒町三番二十二号）で、末永節が発行人を引き受けた。

黄興の住まいも兼ねたその家で、彼はどんな暮らしぶりだったのだろうか。末永節の話によれば、どうやら池の鯉は食べなかったらしいが、こんな珍妙な出来事があったという。

ある日、末永が黄興に会いに行くと、玄関で呼んでも返事がない。遠慮なく座敷へ上がると、床の間になにやら白いものがトグロを巻いている。よく見ればフンドシである。しばらくすると黄興が戻ってきたので、「どうしたのか」と聞くと、「便所へ行った」と言う。「便所へ行くのに、いちいちフンドシは外さないものだ」と言うと、「ああ、そうですか」と黄興が答える。「第一、フンドシを床の間に置くものじゃない」と諭すと、「はい、わかりました」と頷いた。

どうやら黄興は着物を着てフンドシを付けていたらしい。慣れぬこととはいえ、当時の中国人が日本の風俗習慣を身に着けようと奮闘する様子が見て取れて、ほほえましいエピソードだ。

後のことだが、辛亥革命が成功して、一九一二年一月に上海で盛大な祝賀会が開かれた際、日本から出席した末永節、宮崎滔天、土佐出身の志士・萱野長知ら日本人の志士たちは、陸軍総長に就任して立派な軍服を身に着けた黄興の威風堂々とした姿に見とれつつ、『民報』編集部にいた頃のことを思い出した。

「あの頃は、うず高く積まれた雑誌や本の山に囲まれて、汚い着物の縫い目にたかったシラミを潰しつつ、毎日原稿を書いていたのだ。その黄興が今はこれほど立派になったとは……」と、末永節の感慨もひとしおだった。

だが、喜びもつかの間、清朝皇帝の退位と引き換えに、孫文が臨時大総統の地位を譲った袁世凱は「帝政」を強要したため、再び袁世凱打倒のための「第二革命」が起こる。だが失敗。孫文は日本へ逃亡し、黄興は日本経由でアメリカへ旅立った。そして四年後の一九一六年、黄興は再び孫文とともに「第三革命」を起こそうと、アメリカから帰国した。

その矢先、黄興は滞在先の上海で大量吐血に見舞われた。十月三十日に再度の激しい発作に襲われて、絶命した。末期の胃癌であった。死の床を見守りつづけたのは、日本生まれの黄興の息子と宮崎滔天、そして孫文ら同志たちだった。

東京朝日新聞(一九一六年十一月一日付)には黄興の訃報が大きく取り上げられている。「革命の一生」という見出しをつけた記事には、黄興の人生が詳しく紹介され、生前親しかった日本の著名人のコメントが添えられている。

支那の大西郷……一口に彼を評せば、底力の知れぬ丁度西郷南洲の如き人物であった。彼は平生から深く南洲に私淑し、南洲の経歴言行等に就いて、細大と無く調べて居ったが、彼の南洲に彷彿たる偶然では無い。

こうコメントしたのは法学博士の寺尾亨《とおる》だ。寺尾博士は東京帝国大学教授で、日本の国際法の開祖だが、辛亥革命に肩入れして日本政府から疎まれ、教授職を振り捨てて訪中し、中華民国臨時政府の初の憲法である「臨時約法」の作成に尽力した人である。一九一六（大正五）年当時、寺尾亨博士は東京で中国人留学生のための私塾、政法学校を開いていたが、黄興は最後まで政法学校の運営費用について気にかけていたという。

黄興の訃報に接して、傷心のコメントをした人にもうひとり、政治家の犬養毅がいる。

（黄興）氏は革命党の領袖中でも非常に調和性に富み、包容力が大きく、従って希望ある人で、他日大総統ともなる資格を持った人である。ことに氏は長く日本に遊んでおったので、東洋のことは日支親善に俟たねばならぬと堅く信じて居った人である。……この人物を失うは民国のため惜しむのみならず、東洋永遠の平和を確立する上に於いて頗る遺憾である。

「中国の西郷隆盛」は、当時の日本人の心にも深く刻まれた人だった。

生前の黄興は、こんな言葉をよく口にしていたという。

　自分には大願がある。それは威力を得ることである。およそ支那の如き国でことを挙げるには、威力がなくてはならぬ。言論では駄目だ。自分は必ずこの威力を勝ち得て、自分の素志を達するつもりである（寺尾亨博士談）。

最後にもうひとつ。本邦初公開の情報をお届けしよう。

場所は東京から飛んで福岡県宗像市——。その中心にある宗像大社に「黄興の硯」が保存されている。一九一二（明治四十五）年五月、福岡玄洋社の頭山満が奉納したものである。

なぜ、頭山満が奉納したかについては宗像大社でも判然としていない。私の推測では、一九一二年、辛亥革命成功後に行われた上海祝賀会で、黄興が感謝の意を込めて、日本人支援者の代表格であった頭山満に寄贈したのではないだろうか。

箱入りの硯は大判で、上部に蘇軾《そしょく》の漢詩、左側は黄庭堅《こうていけん》の漢詩が彫り込まれた贅沢なものだ。これは中国の裕福な階層の人々が珍重する「文房四宝」（筆、硯、紙、墨）のひとつに他ならない。そんな贅沢な逸品を黄興が持っているはずもなく、おそらく革命のドサクサ紛れにどこかの金持ちの邸宅から接収してきたものだろう。不自然なのは、硯の右下に素人が彫ったと思われる稚拙な文字が彫り加えられていることだ。それは頭山満に送る前に、あるいは革命家の仲間たちで慌てて彫り込んだものかもしれない。

頭山満は黄興から贈られた硯を、中国革命の成功を祝し、中華民国臨時政府の前途洋々たることを祈願して、宗像大社に奉納したようだ。宗像大社は「三柱の女神」を祀り、朝鮮半島や中国大陸との海上交通の平安を守護する由緒ある神社であり、中国と縁が深いからである。奉納の真相はやぶの中だが、いつか解明される日が来ることを期待している。

第八章　朝顔の咲く家——魯迅の思い出

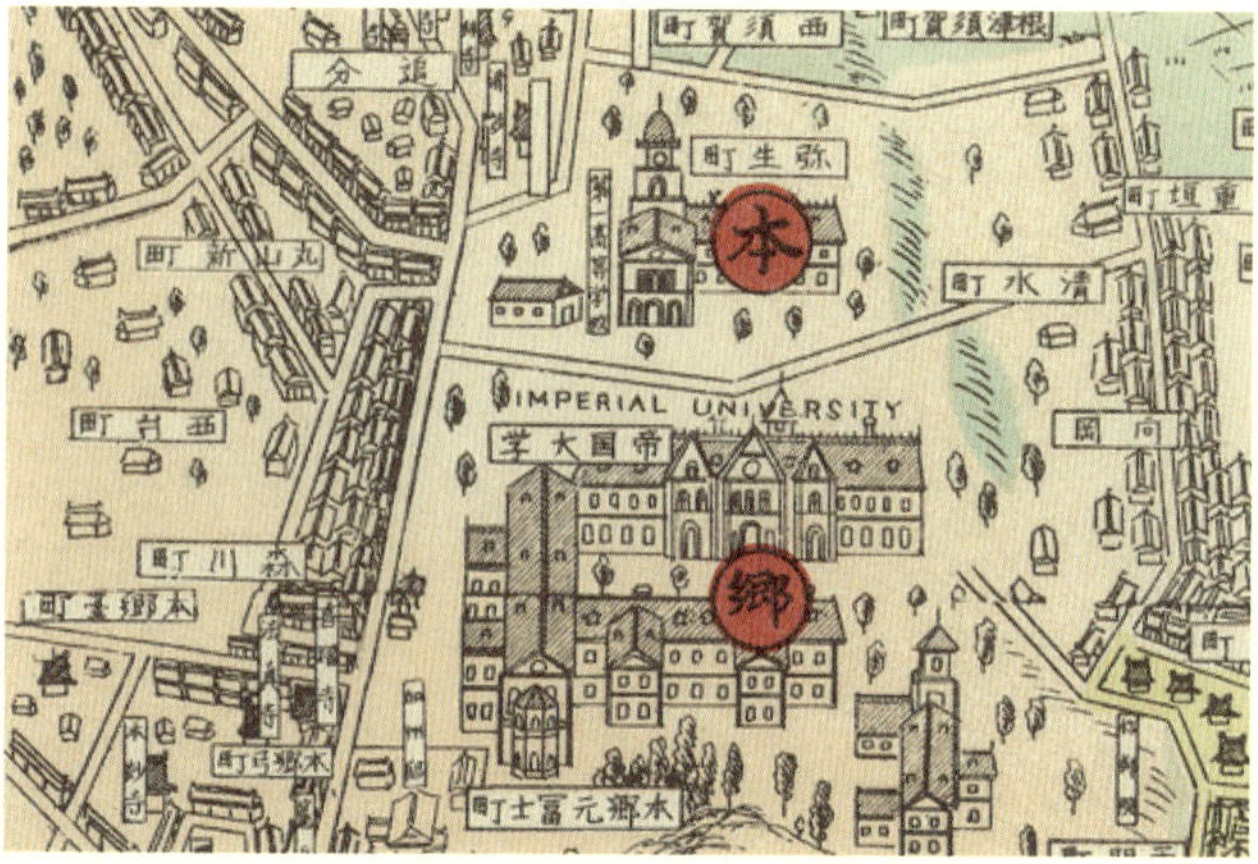

東京一目新図（明治 30 年）

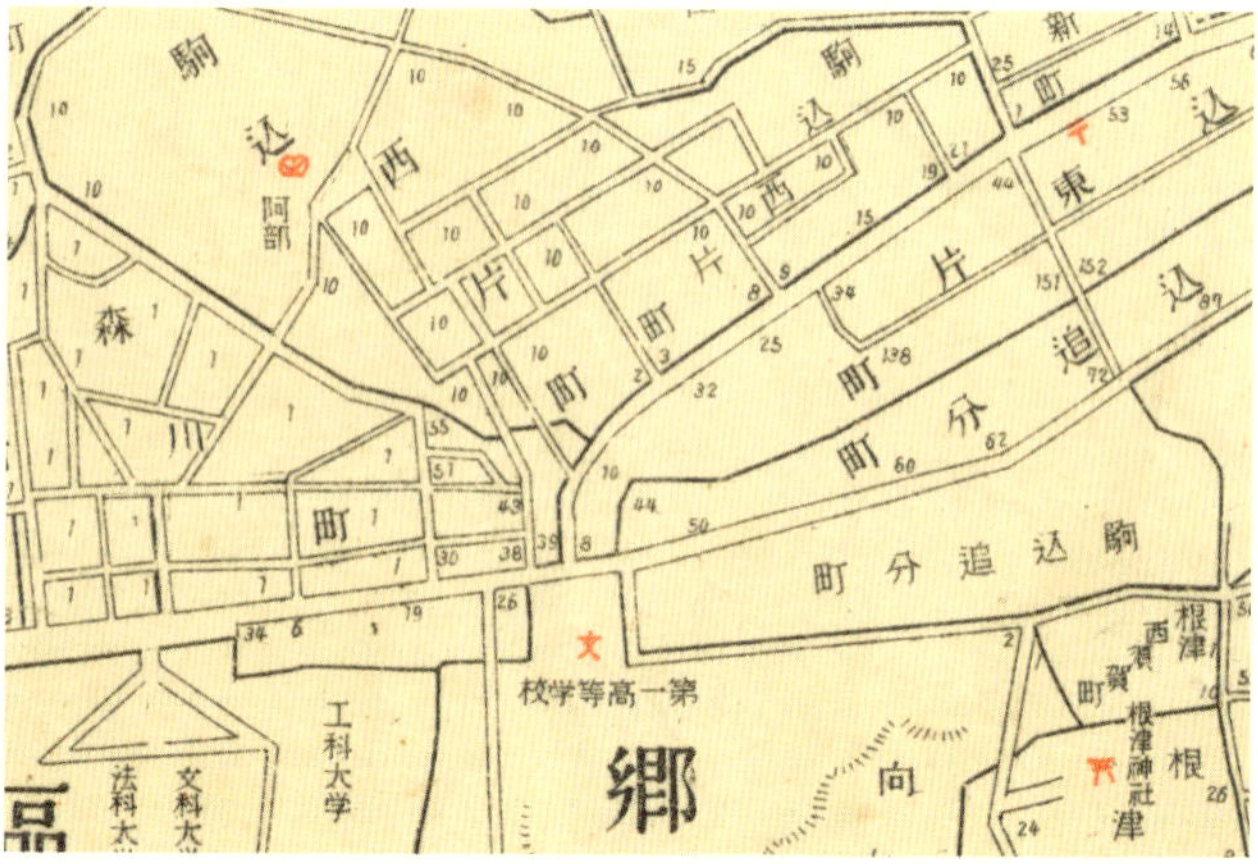

番地入東京大地図（明治 39 年）

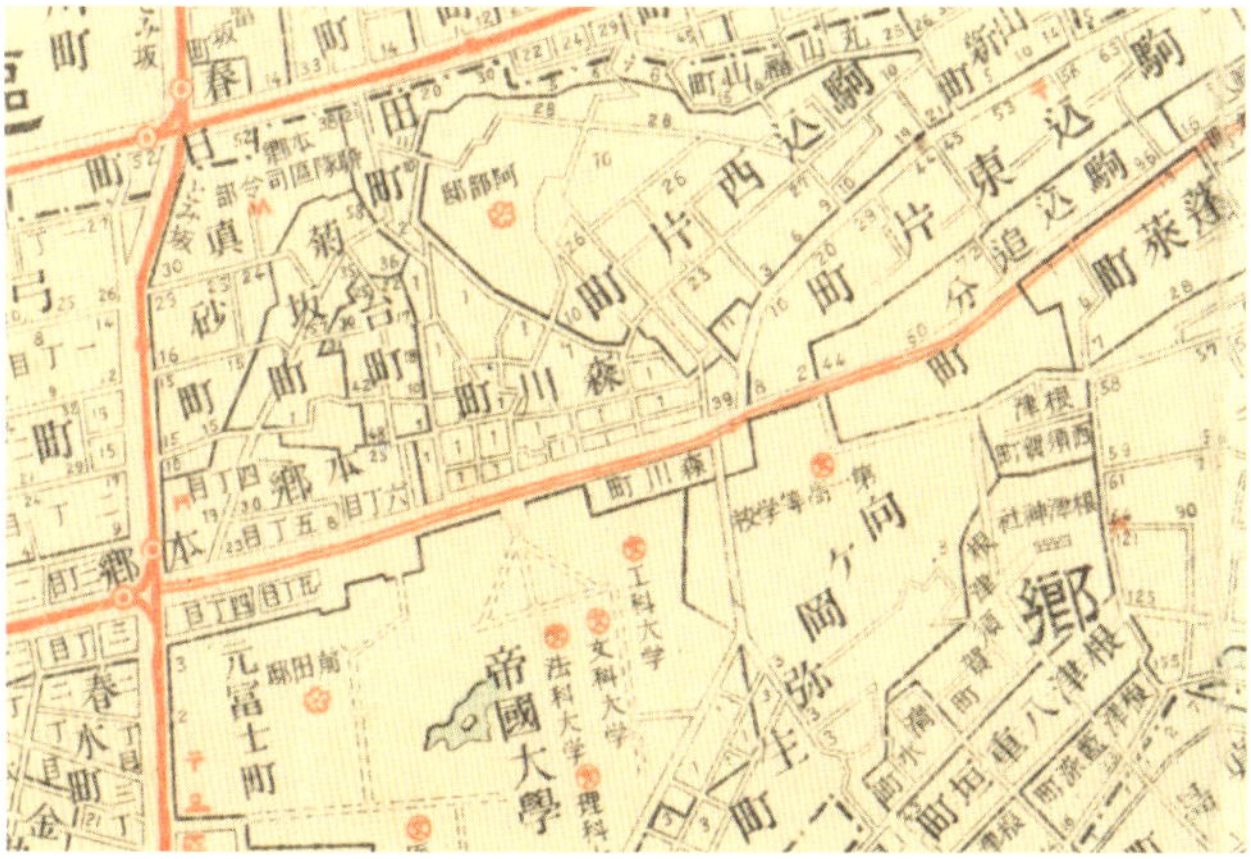

番地入東京市全図訂正 6 版（明治 43 年）

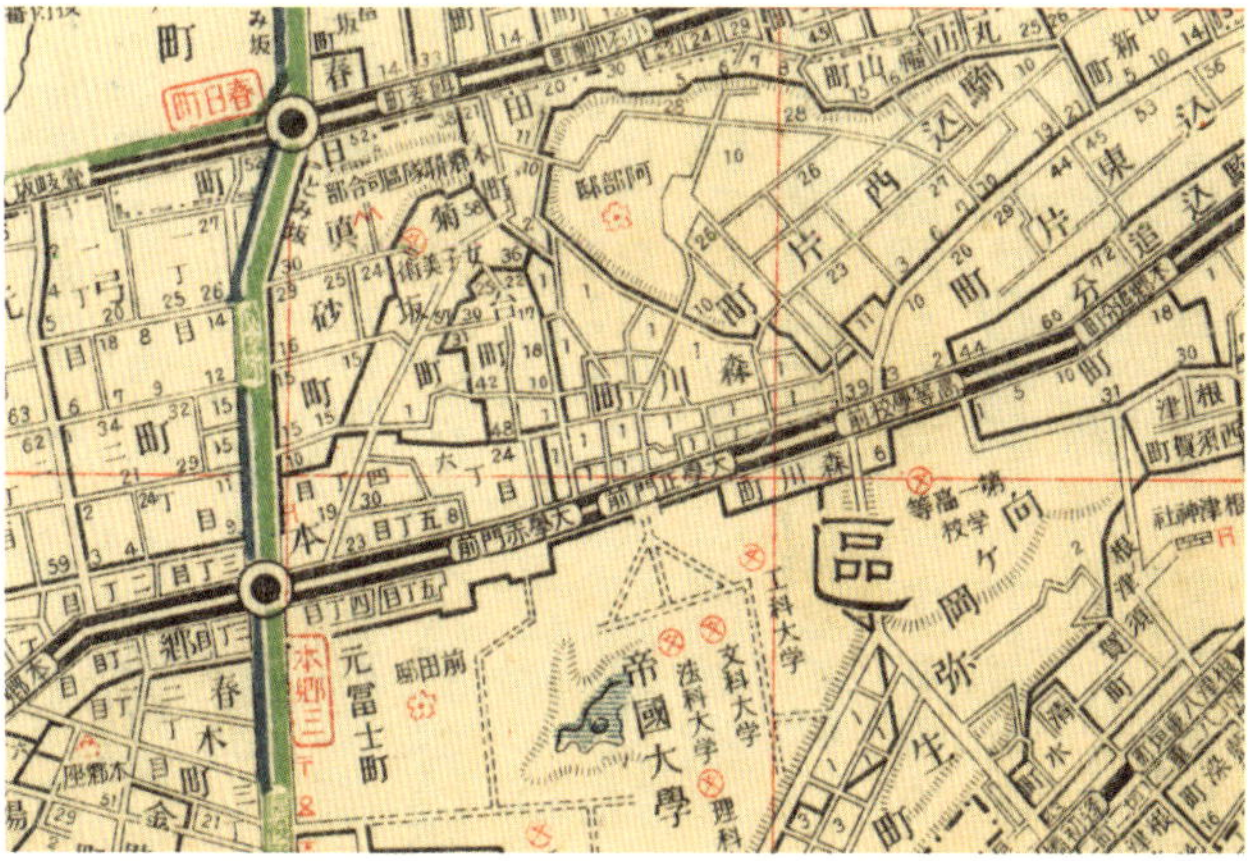

早わかり番地入東京市全図訂正第 46 版（大正 11 年）

現在の西片一丁目（破線内）
閏月社作成

私の父は囲碁をたしなんだ。プロ棋士のN八段に師事し、日本棋院から二段の免状をいただいた。N八段は「あなたの碁は「ケンカ碁」ですね」と笑ったが、それでもふたりは気が合ったらしい。N八段はときどき横浜の我が家へ来て手合わせし、その後は楽しそうに話し込んで母の手料理を食べて帰った。真夏に我が家近くのホテルのプールへ泳ぎに行ったこともある。

N八段の家は、本郷の小高い丘の上にあり、父もよく遊びに行っていた。その家が、かつて魯迅が住んだ家だと私が知ったのは、かなり後になってからのことであった。

文豪として知られる魯迅《ろじん》は、本名を周樹人《しゅうじゅじん》という。清朝時代の一八八一年、浙江省紹興府(現、紹興市)で生まれた。かの紹興酒の名産地として知られる土地柄である。三

弘文学院在学当時の魯迅

人兄弟の長男で、実家はもともと地元の名士として知られる高級官僚の家系だったが、祖父の代に没落し、父も病没して家産が傾いた。そのため魯迅は少年時代から家長としての自覚に目覚めたようだ。

日本へ来たのは一九〇二（明治三十五）年、二十一歳のときに官費留学生として五人の同期生とともにやってきて、東京の弘文学院に入学した。嘉納治五郎が開設した弘文学院については、第六章で詳述したので、ここでは省略しよう。

とにかく、魯迅は弘文学院で日本語以外に数学や英語、物理、化学など、清国にはない近代科目を二年間学んだ後に、仙台の医学専門学校（後の東北帝国大学医学部）へ推薦入学した。そこで出会った生物学の指導教官だった藤野教授をモデルにした小説『藤野先生』は、あまりにも有名だろう。

だが、僅か一年半で仙台の医学専門学校を退学してしまう。その理由について、魯迅は『藤野先生』の中で、授業の合間に日露戦争の戦況を知らせる幻燈を見たとき、ロシア兵が清国人スパイを処刑する場面があり、物見高い清国の人々が薄ら笑いを浮かべて見物していたことに衝撃を受けて、近代医学で身体だけ治療しても、精神面から教育しなければ、決して中国人は救済できないと知ったと、書いている。しかし、これは後付けの理屈らしい。後にしばしば他人から医学を捨てた理由を尋ねられ、簡潔に説明したかったというのが本音のようだ。虫歯が痛んで夜も寝られず、根を詰めた勉強が耐えられなかったのだ、という説もある。いずれにしても、刺激の少ない仙台の生活に寂しさが募り、活気のある東京へ戻りたかったのにちがいない。

彼はもともと文芸に強い関心があり、来日当初から留学生たちの発行する雑誌に寄稿したり翻訳したりしていた。当時の東京が新興メディア都市として急成長していく中で、情報にあふれた大都会は刺激的で、最新の文芸に触れる機会も多かったのである。

東京の発展は目覚ましいものがあった。一八五九（安政六）年に横浜港が開港して新橋―横浜間に鉄道が敷かれると、一九〇六（明治三十九）年には鉄道国有法が制定されて、全国に鉄道網が広がった。それに連れて陸運業が盛んになり、印刷技術の進歩に伴って活字文化が花開き、東京と大阪は新聞を中心とした情報の発信基地となった。

一八七九（明治十二）年に僅か四ページで創刊した大阪の朝日新聞は、東京のめざまし新聞を買収して東京朝日新聞を発行し、本社大阪朝日新聞でコラム「天声人語」を開始した。老舗の大阪毎日新聞は一九〇五（明治三十八）年、日露戦争の戦況報道や講和交渉をスクープして勢いに乗り、一九一一（明治四十四）年に東京の電報新聞、東京日日新聞を買収して東京へ進出すると、東京朝日新聞とともに全国紙へ発展した。雑誌や本も続々と出版されはじめた。

魯迅が仙台から東京へ戻ったのは一九〇六（明治三十九）年。官費奨学金をもらいつづけるために、飯田橋にある獨逸学協会付属の獨逸語専修科（現、獨協大学）に入学登録した。しかしめったに学校へは行かず、独学でドイツ語を勉強して、大半の時間を読書と翻訳に費やした。

読んだのは日本の作家のもの以外に、東欧諸国の民族主義的な文学作品も多かった。日本では手に入らない作品は、神田の中西屋や日本橋の丸善で海外から取り寄せ、本郷の南江堂や古書店をめぐって、古書のドイツ語叢書の中から探し出した。英文学史、ギリシア神話も集めた。何種類もの雑誌を定期購読し、大切なページは切り抜いてスクラップした。ドイツ語の図書は、各国の文学作品から自然科学まで、なんと百二十七冊も集めたという。食費を削って高価なドイツ語の『世界文学史』も買った。ちなみに、こうした努力の積み重ねは、後に古代中国から明代までの小説を分析・研究した『中国小説史略』として実を結んだ。それまで中国には存在しなかった小説史を書くことこそ、魯迅がほんとうにやりたかったことであった。

二度目の東京は中国革命の熱気があふれていた。前年の一九〇五（明治三十八）年に日本へやってきた孫文が、東京で革命結社の中国革命同盟会（後に中国同盟会と改称）を立ち上げたことで、多くの革命家が肩で風を切って東京の街を闊歩し、それを取り巻く清国留学生たちの間にも革命の高揚感が広がっていたのである。

魯迅も例外ではなかった。著名な国学者の章炳麟《しょうへいりん》が亡命して中国同盟会の機関紙『民報』の編集長となり、編集部を置いた貸家で毎週末「国学講習会」を主宰した。魯迅も国学を学ぶために通ったが、一方では、章炳麟の主宰する革命組織「光復会」が決死隊を中国へ送り込むことになり、そのメンバーとして指名された。

しかし魯迅は気が進まなかった。「もし自分が死んだら、あとに残された母親をどう

現在の学者町

してくれるのか、はっきり聞いておきたい」と告げたら、一同がのけぞって呆れかえり、結局、決死隊のメンバーから外されたという逸話が残っている。

さて、魯迅が東京の下宿屋を二度ほど移り、三度目に引っ越した先が本郷の家であった。東京市本郷区西片町十番地ロノ七号（現、東京都文京区西片一丁目十二番）。東京（帝国）大学に近く、明治から昭和初期にかけて大学教授や高級官僚が住む「学者町」として知られ、夏目漱石、樋口一葉、二葉亭四迷、上田敏など文学者も住んでいた。

魯迅の親友だった同郷出身の許寿裳《きょじゅしょう》がみつけてきた貸家だが、家賃は四十円。留学生にとっては法外な値段だった。しかし魯迅は飛びついた。というのも、その家は直前まで、ロンドンから帰国した売れっ子作家の夏目漱石が住んでいたからだった。もっとも、夏目漱石はこの家が気に入らず、住んだのは僅か九カ月で、小説『三四郎』を書き上げてから早稲田に引っ越した。

しかし、中国人留学生の眼には豪華な家に映った。許寿裳とふたりで相談して強引にふたりの留学生仲間を誘い、数カ月前に中国から連れてきた弟・周作人もいれて五人で住むことにした。五人で住むから「伍舎」と名をつけた。この時代の中国人は若くても風雅な文人気質をそなえ、雅号や屋号をつけて楽しんだのである。

魯迅は家賃を頭数で割って、弟のぶんも負担したから、毎月十六円の住居費を支払った。僅かな奨学金の大半は本や雑誌を買うのに使ってしまい、生活費はひっ迫した。好きな洋風の食べ物や飲み物——ミルクセーキ、ジュース、チョコレートミルク、トースト、コンビーフなど——を我慢しなければならず、せっかく東大近くに有名な洋風食品店、青木堂があっても、横目で見ながら通り過ぎるしかなかった。

家は二階建てで、一階の玄関を入ったところが洋間になり、その先に八畳間の客間と六畳間があった。左手には風呂と台所、その奥に十一畳の居間とトイレ。二階には八畳間と四畳半がある。確かに学生の身分で住むには贅沢すぎる感じがする。一階にはガラス戸のはまった廊下があり、樹木の生い茂る庭が眺められた。その庭先に、魯迅と許寿裳は様々な花の種をまいたが、心を奪われたのは朝顔だった。

朝顔は、種を撒くとほどなく小さな芽を吹いた。見る間に弦が伸びて大きな葉を茂らせ、赤や青の大輪の花をつけた。朝露の残る早朝、開いたばかりの朝顔は瑞々しく、夕方になるとあっけなく萎んだ。萎んだ花をいくら摘みとっても、明日はまた新たな花芽が咲きほこる。可憐ではかない日本の風情だ。ふたりは陶然として朝顔に見入り、幸福なときをかみしめた。中国では見たことのない花だった。

魯迅は二階の六畳間を使った。日本の学生を真似て着物を着て、家にいるときは一日中浴衣姿で通した。毎朝目覚めると、布団から起き上がり、そのまま煙草をくゆらせて、朝日新聞を広げるのが習慣になった。新聞には、夏目漱石の『虞美人草』が連載されていた。

魯迅が帰国したのは一九〇九（明治四十二）年。その経緯はけっこう複雑で、まず、西片町の貸家からふたりの留学生が帰国するため出て行った。もはや家賃を負担しきれず、魯迅と弟の周作人、許寿裳は同じ西片町の小さな借家へ引っ越した。許寿裳もドイツへ留学する準備をしていたが、最終的に奨学金をもらうメドが立たずに帰国していった。魯迅と弟だけが残った小さな家には、家付きの賄い婦として働いていた羽太信子がいて、まもなく周作人と恋仲になり、結婚したいと言い出した。

そのとき魯迅は決然と行動した。自分には親に強いられて結婚した女性がいた。「母親のプレゼントだから、自分には関係ない」と嘯いてみたが、中国の因習に逆らう力を持たない自分に、忸怩たる思いがあったのだろう。弟にだけは「自由恋愛」してもらいたくなったのである。魯迅は、結婚を渋る羽太信子の父親に向かって「破格の条件」を出した。つまり、弟・周作人の留学資金ばかりか、信子との結婚生活費、羽太家の両親と兄弟の生活費すべてを負担しましょうと約束したのである。それらすべてを賄うために、魯迅は自らの留学生活を断念して、収入の糧を得るため帰国して就職していった。

魯迅が出世作『狂人日記』を書くのは九年後の一九一八年。夏目漱石と芥川龍之介、有島武郎に心酔し強い影響を受けたとされる作風は、風刺とユーモアにあふれ、世相や伝統を鋭く突いた社会批評であった。それまで中国には存在しなかった「短編小説」という形式を用いたことで、中国の文学形式を「近代化」した典型例として絶賛された。

魯迅は、藤野先生の写真と上野博覧会で買った小さな七宝焼の花瓶をいつも机に飾り、朝顔の咲く家を終生忘れることはなかった。

第九章　関東大震災（一）——日華学会のなりたちと留学生支援

一九二三（大正十二）年九月一日午前十一時五十八分、関東地方一帯を襲ったマグニチュード七・九の大地震は、おりから昼食の時間であったことから、倒壊した家屋から出火して火災が広がり、東京と横浜のほぼ全域が焦土と化した。死傷者は十数万人にのぼり、近世以来の未曾有の大惨事となった。

中国から日本へ来ていた留学生は、「日本留学ブーム」が起こった一九〇五（明治三十八）年から〇八（明治四十一）年にかけて、約一万人前後いたが、辛亥革命の成功でほとんど帰国して留学ブームも下火になった。それでも一九二三年当時、約二千人近い中国留学生が日本全国に滞在し、そのうち東京、横浜には約八割の千六百人がいた。地震が起きた九月一日は、まだ夏休みだったこともあり帰省中の人も多かったが、それでも東京、横浜には約六百人の留学生が残っていた。

中国では、この年の二月、孫文が広東省で中華民国政府を樹立したばかりだった。孫文の盟友・宮崎滔天の記憶では、中華民国政府には日本からの帰国留学生が多く働いていて、庁舎内ではどこでも日本語が通じたという。

孫文は日本で大震災が発生したと知ると、すぐさま日本政府や旧知の友人たちに見舞いの手紙を送り、見舞金として二千元を送っている。

焼野原となった東京では、交通機関が遮断されて地方からの支援物資が届かず、家を焼け出された人々が街にあふれて、混乱をきたしていた。そうした中で、被災した留学生たちを救ったのは日華学会《にっかがっかい》であった。

まず、日華学会について先にご紹介しよう。

日華学会は一九一八（大正七）年、当時の財界の中心的存在であった渋沢栄一、内藤久寛らが発起人となり、高橋是清を中心とする政界の支援を得て、日本と中国の文化交流を目的として創立された。主な活動は日本における中国人留学生を援助することで、いわば官民一体となった教育支援組織である。

この組織はもともと、中国で一九一一年に辛亥革命が成功して清国政府が消滅したことで、それまで清国政府から支給されていた奨学金が途絶えて困っていた中国人留学生を支援するため、渋沢栄一が中心となって組織した「支那留学生同情会」が前身になっていた。そして「支那留学生同情会」の残金三万七千五百余円をもとに、内藤久寛が寄付した一万円を加えて設立基金とし、国庫補助を得て発足した。

『日華学会二十年史』(『中国近現代教育文献資料集』第二巻、日本図書センター、二〇〇五年)によれば、初代会長には小松原英太郎(後に細川護立侯爵)、理事に内藤久寛、山本灸太郎、白岩龍平、濱野虎吉。顧問として渋沢栄一、清浦子爵、岡部子爵、山川男爵、近藤男爵、益田男爵、田所美治、豊川良平、江庸らが就任。また帝国大学や官立私立高等専門学校の職員、文部省、農商務省、外務省の当局者、その他多くの著名人が評議員に加わった大陣容である。

だが今日、日華学会を知る人は少ない。それは戦前の日中交流機関には多かれ少なかれ政治的な利害が絡み、日本の対中侵略戦争と表裏一体の関係にあったことから、戦後の日本では「負」のイメージが付きまとい、だれもが口を閉ざして具体的な活動を伝えてこなかったからだ。

ざっとその時代を振り返ってみよう。日華学会が発足した一九一八年といえば、一九一四年に始まった第一次世界大戦が終結した年である。その間に、中国では列強の勢力図が大きく塗り替えられた。世界の列強がヨーロッパを舞台に大激戦を繰り広げている間に、日本は列強の力が弱まった中国で利権を拡大しようと、一九一四年、ドイツが領有していた山東省の膠州湾に攻撃をしかけて占領し、翌年、袁世凱の北京政府に対して対華二十一カ条要求を強引に承諾させて、満州と蒙古の権益拡大を図った。

一方、一九一八年、ドイツ帝国が降伏してベルサイユ条約が結ばれると、戦勝国のイギリス、フランス、アメリカなどの列強は、連合国の一員だった中国に対する親和ムードが広がり、一八九九年の義和団事変以来、ずっと中国に強要してきた義和団賠償金を返還しようという動きが活発になった。

はて、返還金の使い道はどうすべきか？　それが中国と諸外国との関心事になり、使用目的を「教育と共同開発事業」に絞ることが決まった。アメリカは北京に清華学堂（現、清華大学）を作ってアメリカへの留学生派遣の拠点とした。イギリスは広東省の鉄道開発事業に返還金を使った。フランスは上海に合弁投資会社を設立して、中国の基幹産業の発展を促した。

日華学会新事務所（『日華学会二十年史』）

日本も一九一八年、「教育振興と衛生事業の普及」を目指して、中国と協議を始めた。そして一九二三年、外務省に「対支文化事業局」を設置して、翌年二月に出淵勝次局長と汪栄宝駐日公使との間で汪・出淵協定を結んだ。その内容は、

一、来日中国人留学生に月額七十円の奨学金を支給する。

二、北京に人文科学研究所、上海に自然科学研究所を設立する。

三、山東省の学校、病院、その他日本の団体が経営する文化事業に資金を提供する。

しかし、この日中文化事業はうまくいかなかった。

まず、「対支文化事業」という名称が中国側から批判された。これでは日本が一方的

に中国を支援するような印象になってしまうとして、議論沸騰した。

　もうひとつは、同時期に日本の軍事侵攻が拡大したことで対日批判が高まり、「侵略戦争」と「文化事業」という矛盾した日本の政策に対して、中国側が強く反発した。

同旧事務所（『日華学会二十年史』）

　北京と上海に設立された二つの研究所も、日本人の著名な教授たちが赴任して研究成果を上げたものの、中国人の雇用が限られたことから、「日本による一方的な中国研究」だと中国側から非難された。

　その後も日中関係が悪化の一途をたどり、一九三一年九月、満州事変が勃発するに至って、ついに日中合同の文化事業は完全に破綻してしまう。

　ところが、不思議なことに、日本政府はその後も日本側だけで「対支文化事業」を続けた。

　一九二九（昭和四）年に東京と京都に設立さ

れた東方文化学院は、研究分野で分化し、ひとつは東京大学東洋文化研究所に吸収され、もうひとつは京都大学人文科学研究所へ移管された。上海に設立された東亜同文書院も、中国研究と中国語教育などを盛んに行ったが、日本単独の対中文化事業であった。日華学会もその流れの中にあったといってよいだろう。

しかしながら、現実問題として、乏しい留学資金で来日した中国人留学生たちにとって、日華学会が与えてくれる物心両面の支援は心強く、とりわけ関東大震災で受けた支援は絶大なものだった。

関東大震災が起きた一九二三（大正十二）年九月一日――。

日華学会の事務局があった神田中猿楽町周辺も大火災に見舞われた。いちはやく駆けつけた理事や職員たちは書類などを持ち出したが、午後一時に建物は全焼した。それでも、職員たちは奔走した。以下は、前出『日華学会二十年史』に掲載された記録である。

日華学会が監督している留学生宿舎は男子部が三カ所、女子部が一カ所あった。そのうちのひとつ、本郷追分町にある第二中華学舎に職員が行ってみると、損壊を免れたものの、破損が激しかった。近くの根津権現神社の境内に避難していた留学生たちを見つけた職員は、互いに抱擁して喜んだ。一名の負傷者もいなかった。

次いで、下谷真島町の第一中華学舎と小石川白山御殿町の中華女子寄宿舎を見に行ったが、留学生たちはいずれも無事で、一安心した。

だが、震災の混乱で一般人は極度の不安に駆られ、流言蜚語が飛び交っていた。

職員は、日本語の不自由な留学生たちに、決して宿舎から外へ出ないように厳重に注意した。だが、留学生たちは各宿舎に分かれて泊まることに不安を訴えた。

結局、第二中華学舎からほど近い第一高等学校の寮舎の一部を借り受けて、第二中華学舎の留学生を全員そこへ移し、戒厳司令部から三名の兵士を派遣するよう手配して、留学生たちの身の安全と保護を図った。


東京市内には日華学会とは関係ない留学生も多かったが、安全のために、市内に散在している留学生全員を一カ所に収容する必要があった。日華学会の幹部は外務省の出淵亜細亜局長を訪ねると、留学生を収容するための実行計画を提出した。出淵局長はその場で計画を了承し、緊急処置として私財二百円を出した。

日華学会の事務局は留学生に告知するため、謄写版で五千枚のビラを印刷すると、九月六日、巣鴨、大塚、早稲田、淀橋、千駄ヶ谷、渋谷、三田など、留学生の多い地区の区役所、町役場、警察署、交番などのほか、一般避難所、下宿屋に配布した。人目につきやすい電柱や塀などにも張り付け、通行人にも配った。九月八日以降は、印刷が復旧した日日新聞、報知新聞、都新聞にも大々的に広告を出した。

それと同時に、九月七日に二台の自動車を雇い、「中国留学生救護収容」と書いた旗を立てて、前日ビラを配布した地域をめぐり、学生同郷会が自主運営する宿舎、下宿屋、中華留日聖公会、尚友学舎、中華践実斎など、市内をくまなく回って留学生を探し出し、十三日までに第一高等学校寮舎に四十余名を収容して食事を提供した。妻子のいる留学生には自動車を差し向けて家族全員を収容した。また、収容が必要ないと言う留学生には、日華学会の会章を交付して身につけさせた。これで身分を保障し、食糧を供給することができるからだ。

外務省は九月から十月にかけて、中華女子寄宿舎、中華留日聖公会、尚友学舎、女子医学専門学校、その他数カ所に食糧の配給所を設けて、白米約四石、牛肉缶詰とイワシの缶詰合計七ダースを支給した。衣類は、呉服店と交渉して浴衣地五十着を注文し、中華留日聖公会、尚友学舎、中華青年会、中国公使館から紹介された希望者に配布した。

こうして九月末までに第一高等学校寮舎に収容した人数は、一時的な滞在者も含めると、延べ千三百八十四人に達した。

房総半島の館山町で実施中の、日華学会と中華青年会の共催サマーキャンプ「残留鎖夏団」の参加者六十余名の安否確認も急がれた。

房総半島の震災被害は甚大であった。地震により宿舎として借りていた日本漁業会社工場の建物が倒壊した。しかし食堂で昼食をとっていた参加者二十名はすぐに屋外へ飛び出し、全員無事だった。参加者たちは津波が来ることを恐れて城山へ避難して夜を明かし、二日後の九月三日、安全を確認した後、工場に戻って屋外で寝起きして救助を待っていた。

しかし、地震発生当日、たまたま隣町の北條町に遠足中だった四十余名のうち、二人の圧死者と三名の負傷者が出ていた。

キャンプに同行していた事務局の責任者は、留学生たちの食糧を調達しようと、館山の町役場に行って留学生による地域ボランティア活動を申し入れ、それと引き換えに食糧を分けてもらうことになった。

地震から五日後の九月六日、ようやく車を調達できた東京から、日華学会の事務局代表と中華青年会の代表がやってきて、留学生四十名を第一陣として東京へ送り届けた。代表たちは、留学生たちが世話になった館山町役場、北條町役場、郡役所、警察署、病院、小学校、停車場を訪問して、ていねいに謝意を述べた。北條の病院では負傷者三名を無料で治療してくれたのである。

車の都合で、第二陣として残留した留学生二十余名には、日華学会の証明書と腕章を交付して身につけさせ、十四日になって東京へ送り届けると、全員そのまま第一高等学校の寮舎へ収容した。

横浜の被害は最も大きかった。大火災に見舞われた山下町では留学生が十余名も圧死していた。犠牲者については、次章に詳述するので、そちらをご覧いただきたい。

こうして東京、横浜にいた留学生の被災状況を把握した後、次に、日華学会は帰国を希望する留学生たちの帰還の手配に奔走した。

外務省により、帰還する中国人のために船舶・千歳丸が手配され、九月十五日に出航が決まった。

前日の十四日午前、日華学会では、外務省から提供された軍用車二台を使い、第一高等学校と芝浦の間を五往復して六百個の荷物を輸送した。荷物の輸送が完了した午後四時半、今度は職員の引率のもと、留学生二百余名が隊列を組み、本富士署の警官四名の警護を受けて、芝浦へ向け徒歩で出発した。途中で帰還者を収容しつつ、午後六時半にようやく芝浦の埋め立て地に到着した。怪我などで歩けない女子留学生や幼児ら十三名は自動車を利用して到着し、合計二百四十名が集まった。彼らは、休憩所として借り受けた清水組の材料置き場で一夜を過ごしたが、寒空の下で布団や毛布もないまま、少ない食糧と飲み水を分け合った。

十五日午前八時、豪雨が降っていた。二百四十名の留学生たちは全身ずぶ濡れで芝浦の海軍桟橋に集合すると、午前十時から海軍のランチで千歳丸に往復搬送された。荷役労働者はなく、日華学会の事務局職員が総出で荷物の運びこみに奮闘した。

帰還する留学生は、日華学会が交付した証明書と引き換えに、ひとり五十円の現金が支給され、乗船して一等船室と二等船室にわかれて入った。そのほかに同乗する中国人の商人と労働者ら四百八名にも一人十円が支給され、彼らは三等船室をあてがわれた。午後三時、降りしきる雨の中で千歳丸は上海へ向けて出港していった。外務省対支文化事業局の局員と日華学会の職員らが、桟橋で彼らを見送った。

上海到着は九月二十一日午後一時。中国のボランティア組織の中国協済日災会と各地の同郷会が出迎えて、留学生たちを引き渡すと、日華学会の帰還事業は完了した。

これが第一陣だった。その後も、第二陣（九月十八日）、第三陣（九月二十日）、第四陣（九月三十日）、第五陣（十月六日）と続けられ、合計四百五十二名の中国人留学生が無事に上海へ送り届けられた。

憧れの日本に留学したにもかかわらず、未曾有の大震災に見舞われて恐怖と不安を味わい、後ろ髪を引かれる思いで日本を後にした留学生も多かったにちがいない。

『日華学会二十年史』に記された中国人留学生の帰還事業の一部始終は、まさに中国留学生史に残る貴重な記録である。

第十章　関東大震災（二）——本郷、麟祥院に今も眠る留学生たち

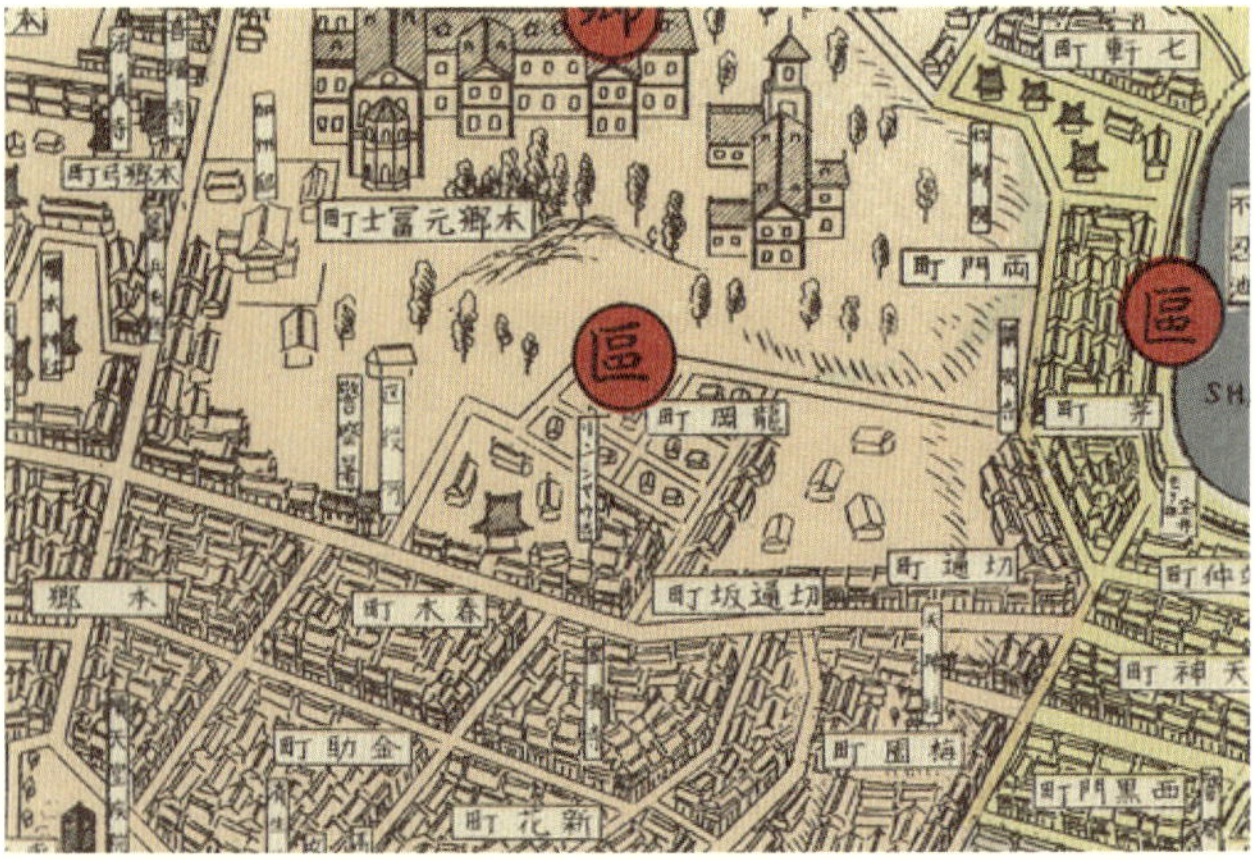

東京一目新図（明治 30 年）

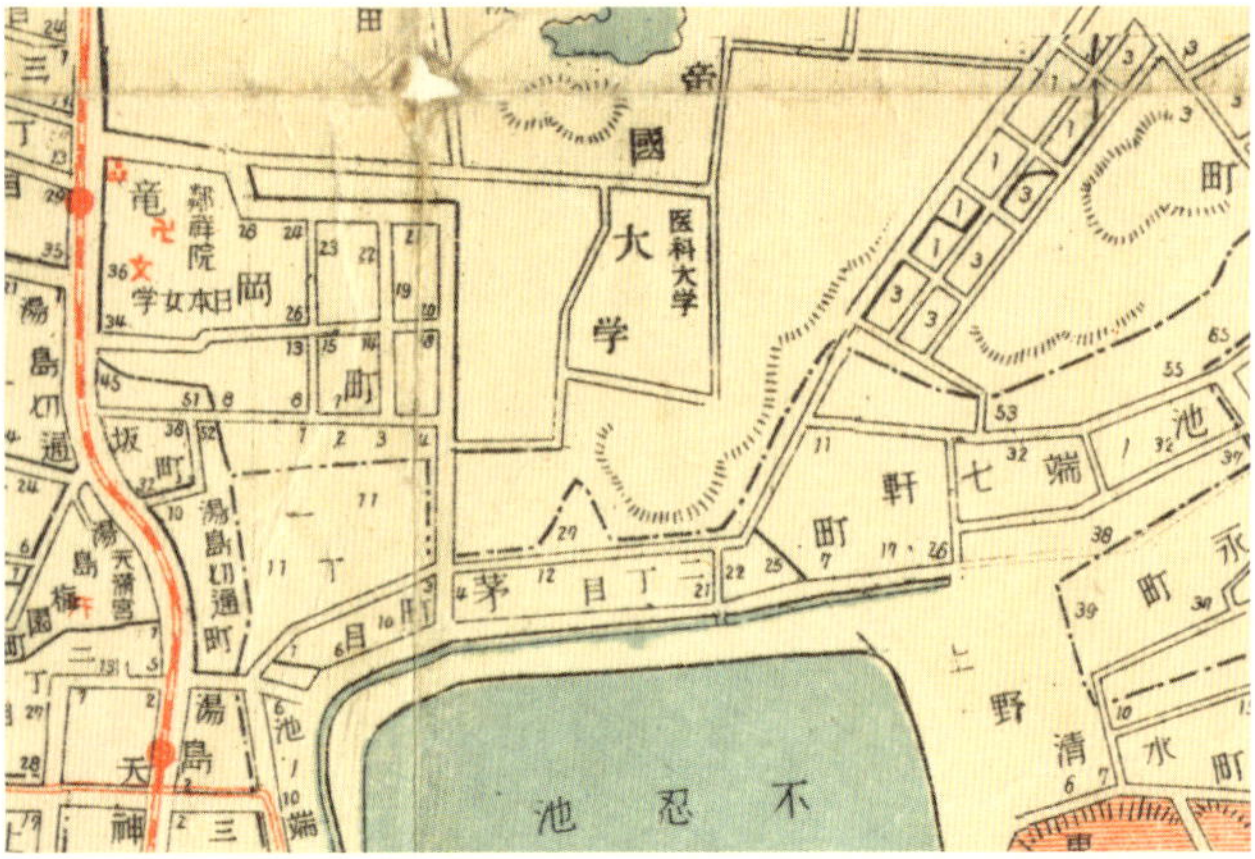

番地入東京大地図（明治 39 年）

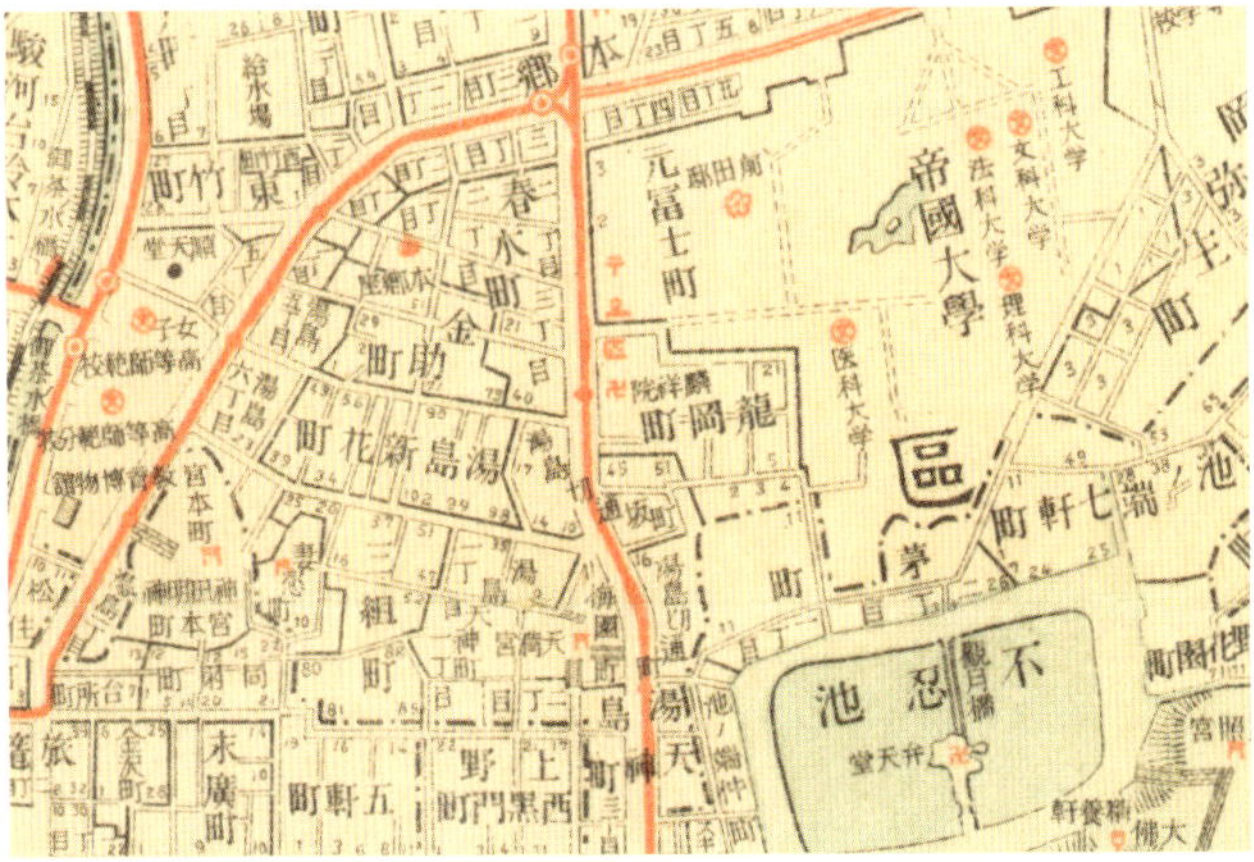

番地入東京市全図訂正 6 版（明治 43 年）

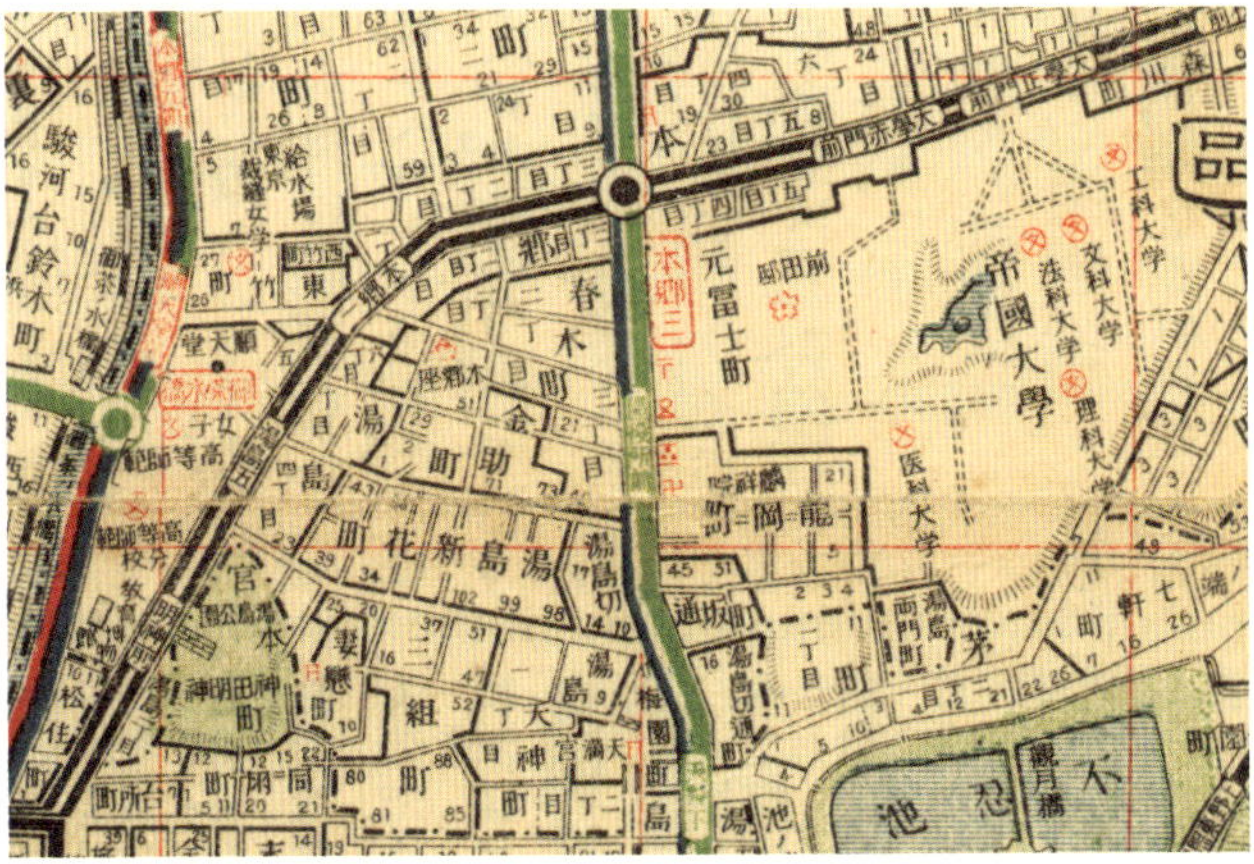

早わかり番地入東京市全図訂正第 46 版（大正 11 年）

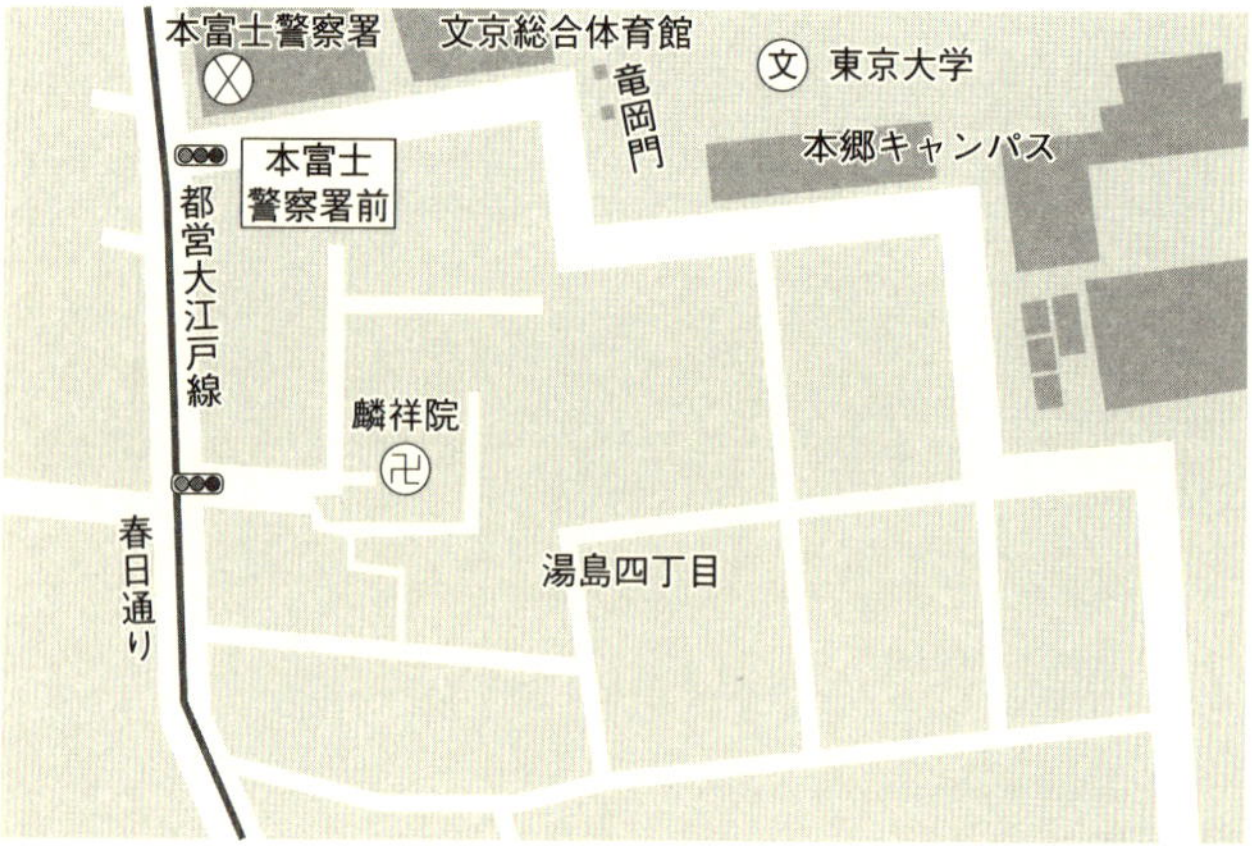

現在の麟祥院界隈
閏月社作成

文京区湯島にある麟祥院《りんしょういん》は通称「からたち寺」と呼ばれて、徳川家光の乳母であった春日局の菩提寺として有名である。

手入れの行き届いた静かな院内に踏み入り、石畳にそって左手へ歩いていくと、墓所の区画とは別に、左手奥に朽ち果てた大きな石碑が忽然と現れた。近寄ってみると、石碑は長い風雪にさらされて大きな亀裂が入り、最近になって修繕したらしい跡が痛々しかった。石碑の両脇には、いくつもの小さな石柱も立っていた。

石碑をのぞき込むと、

「中華民国留学生癸亥地震遭難招魂碑」

とある。

一九二三(大正十二)年に起きた関東大震災で亡くなった中国人留学生の慰霊碑である。

招魂碑

石碑に彫られたこの文字は、中華民国駐日大使だった汪栄宝の揮毫だった。

左右の小さな石碑は古く、それぞれ犠牲者の氏名や出身地が刻まれているようだが、劣化してほとんど判読できない。

なぜ、この地に慰霊碑が立っているのか、麟祥院の住職にもわからなかった。僅かな手掛かりは「日華学会」が建てたということだけであった。

その後、八方手を尽くして調べてみると、慰霊碑の由来を知るまでにかなりの時間を要してしまった。今、判明したその由来をご紹介しよう。

一九二三年九月一日に関東大震災が起きたとき、日本に滞在していた中国からの留学生の安全確保と中国への帰還支援を行ったのは、財団法人・日華学会だったが、これについては前章で、すでにご紹介した。

その帰還支援の活動が一段落した後、震災で犠牲になった留学生とその家族ら合計二十六人の死を悼むための活動がはじまった。その詳しい経緯が、『日華学会二十年史』（日華学会編）に記されている。同書によれば――


一九二三年十月八日、日華学会は事務局からほど近い麟祥院で、盛大な追悼会を催した。

出席者は岡野文部大臣、塚原督学官、岡部外務書記官、駐日中華民国施履本代理公使、その他、日中両国の学生数百名が参加した。

追悼文は、日華学会会長の細川護立（代読）、文部大臣の岡野敬太郎、外務省対支文化事業局長の出淵勝次（代読）、東亜同文会長の牧野伸顕（代読）、中華民国代理公使の施履本、早稲田大学留学生部代表の加藤猛司、中華民国東方文化協会代表の何《か》侃《かん》、中華民国同胞被災急賑会代表の王佐臣の諸氏が捧げた。


日華学会会長の細川護立侯爵の弔辞祭文はまことに印象的なので、特にご紹介しておこう（カタカナは平仮名に改めた）。

追悼文

時維れ大正十二年十月八日、我等同志相集り、中華民国留学生の中、這回の震火災に因り、非命に斃れたる諸氏の霊を祭る、惟ふに去九月一日の大震は未曾有の災厄にして殆んど東京の全部を烏有に帰し、十餘萬の生霊を惨死せしめたるは、実に悲惨の極みと云ふべし、我日華学会は災後専ら留学生諸子の救援保護に従事したるが中に、此の災厄に斃れたるもの十餘人に及べるを知るに至れり、惟ふに諸子は将来国家の柱石たるの希望を抱き遠く我国に来学して、孜々学業に励みたりしに、中途此不幸に会し、溘焉異域の鬼となる、我等焉ぞ痛惜の情に堪へんや、更に一たび故国の門に倚つて諸子の帰京を待たるゝ、慈親故旧の情に想到せば、暗然流涕を禁じ得ざるなり、茲に清酌時羞の奠を具え、恭しく諸子の霊を弔ふ、嗚呼哀しいかな、尚くは来たり饗けよ。

大正十二年十月八日

財団法人日華学会
会長　侯爵　細　川　護　立

追悼の意を受けて、罹災小児の母で東京女子美術学校学生の毛如蘭が謝辞を述べた。花輪も多数寄贈された。出淵局長、渋沢日華実業協会長、細川日華学会長、施中華民国代理公使、中華民国広東省留日同郷会、中華民国陝西省留日同郷会、東亜同文会、日新汽船会社、中華民国留日学生総会、中華民国留日同胞被災急賑会、中華民国欠費各省公費聯合会、中華女子寄宿舎などからである。

その後、犠牲者を祭る慰霊碑を建設する計画が立ち上がった。慰霊碑は麟祥院の院内に据えられることになり、翌年の一九二四（大正十三）年九月中旬に起工し、九月二十七日に竣工した。そして竣工直後に除幕式を行い、もう一度追悼会を催して、朝野の名士と留学生が多数参拝した。

建設費用は各界からの寄付を募り、総額四百四十七円七十銭が集まった。その内訳をみると、日華実業協会（金一百円）、御園生由蔵（金一百円）、野村貞道（金五十円）、金子昇作（金三十円）、高松公道（金十円）、開拓社（金十円）、日華学会（金一百四十七円七十銭）である。個人名の寄付は、犠牲になった留学生に所縁のある裕福な日本人のものだろうか。

慰霊碑の碑銘は中華民国駐日公使の汪栄宝氏の揮毫により、「中華民国留学生癸亥地震遭難招魂碑」(『日華学会二十年史』に記載のある年号「癸丙」は誤りとおもわれる)という文字が刻まれ、石碑の裏面には犠牲者全員の氏名が列記された。

氏名	年齢	貫籍	学校	罹災場所	備考
鐘明厚	二十一歳	奉天	工廠実習	神田三崎館	圧焼死
丁文斌	二十歳	奉天	工廠実習	神田三崎館	圧焼死
関維翰	三十歳	江西省	明治大学	神田村木館	圧焼死
葉美東	四歳	貴州省		神田水谷方	圧焼死
王宋康	二十三歳	湖北省	商科大学	安房北條	圧死
黍大康	二十五歳	広西省	商工	安房北條	圧死
区松	二十五歳	広東省	東京大学	横浜山下町	圧焼死
繆紹鴻	十八歳	広東省	米利堅学校	横浜山下町	圧焼死
繆紹香	二十歳	広東省	櫻井女塾	横浜山下町	圧焼死

鮑紹廷	二十三歳	広東省	薬科専門	横浜山下町	圧焼死
何秉棟		広東省	成城学校	横浜山下町	圧焼死
伍梅田	十七歳	広東省	佛英和女子	横浜山下町	圧焼死
羅璟照		広東省	志成学校	横浜山下町	圧焼死
繆錫頤		広東省	志成学校	横浜山下町	圧焼死
梁煥培		広東省	志成学校	横浜山下町	圧焼死
陳慶詢		広東省	志成学校	横浜山下町	圧焼死
林沃興		広東省	志成学校	横浜山下町	圧焼死
林福祥		広東省	志成学校	横浜山下町	圧焼死
羅秉輝		広東省	志成学校	横浜山下町	圧焼死
李岳乾		広東省	志成学校	横浜山下町	圧焼死
招保安		広東省	志成学校	横浜山下町	圧焼死
楊保森		江蘇省	慶應義塾	横浜山下町	圧焼死
張方規		浙江省	商科大学	横浜山下町	圧焼死
同夫人		同		同	同

同小児　　　　　同　　　　　同　　　　　同
連小三　　　　　　　　本所小学校　本所被服廠　焼死
　　以上二十六名

この名簿をみると、二十六名の犠牲者のうち、十九名が横浜、五名が東京、二名が房総半島で亡くなったことがわかる。大学生だけでなく、中学生や小学生、幼児もいるのが痛々しい。

犠牲者の出身地では、圧倒的に広東省が多い。広東省は孫文の出身地でもある。中国の亜熱帯地方に属し、外洋に面していることから漁業が盛んで、海洋文化が発達してきた。そのため、明朝時代から戦乱で食い詰めた人々は気軽に外国へ出稼ぎに行く人が多かった。外国で働き、金をためて帰国した人々は「衣錦還郷《イージンファンシャン》」(故郷に錦を飾る)をして、故郷で家族のために家を建てるのが目標だった。帰国せずにその国に住み着いた人々は華僑となった。だから、華僑の出身地は広東省が多いのである。

留学生は、横浜の中華街に住む華僑の親戚を頼って来日したか、あるいは、華僑の経営する店でアルバイトをしていた者も多かった。優秀な大学生の中には、華僑に招かれて華僑小学校の先生になった人もいた。いずれにしても、犠牲者はみな若く、将来ある身だったのだ。

異国の地で、心ならずも犠牲になった留学生のことを、果たして郷里の両親や兄弟姉妹、友人たちは知っていただろうか。留学生の仲間から知らせを受け遺品を手渡されたならまだしも、突然、音信不通になり、探す手立てもないまま子供の帰りを待ち続けた親がいたかもしれない。悲しみの輪は、海を越えて、日本から遠く中国にまで広がっていったのである。


関東大震災は、思えば一世紀近くも前のことである。この未曾有の大災害は各種記録に残された悲惨な出来事だったが、今日では体験者はおろか、直接体験者から話を聞いた人も少なくなった。まして中国革命の最中に志を抱いて来日し、勉学に励んでいた留学生たちが犠牲になったことを知る人はほとんどいないだろう。

二〇一一年に発生した東日本大震災では、多くの日本人と同じように外国人留学生たちも被災し、大きな衝撃を受けた。母国の両親が心配して帰国を促し、大勢の留学生たちが悲しみと困惑の中で帰国していったことを考え合わせれば、関東大震災で起きた事

著者が主催した供養会

態も容易に想像がつくことである。

二〇一四年十一月二十七日、本書を書くにあたって取材した直後に、麟祥院でささやかな供養会を催した。出席したのは白水社の編集担当者ふたり、取材に協力してくれた早稲田大学博士課程の学生（当時）の島田大輔氏と井上光氏、それと私の五人である。

ささやかな供養会には不似合いなほど広くて荘厳な本堂で、若く誠実な住職、矢野宗欽氏は力強く朗々とした声で一心に読経してくれた。本堂に響き渡ったその声は、きっと犠牲者の魂にも届いたことだろう。

今一度、関東大震災で犠牲になった留

学生たちの高い志を讃えつつ、突如命を奪われた彼らの無念と悲しみを悼み、今もひっそりと日本に眠る彼らの冥福を祈りたいと思う。

Ⅲ　神田

第十一章　慈愛の宰相——周恩来の目立たない日々

私の人生で、七六年に周総理が亡くなられたときほど悲しかったことはありません。文革中にただひとり、国民を守ってくれた人でしたから。

そう、わが家のベビーシッターの王さんは大粒の涙をこぼした。

一九八六年に私が広東省の国立中山大学で講師をしていたとき、二歳になる娘の面倒をみてくれた中年女性の言葉である。日本育ちの私には、常々中国で生活してみたいという願望があり、中山大学から招きを受けたのを幸いに、二年間の約束で日本から赴任していたときのことである。

文化大革命が収束して九年が過ぎ、人々は質素でも平穏な日常を送る喜びに浸っているように見えた。まだ経済成長が始まる前のことで、金の亡者たちも少なかったようこ気がする。

そんな穏やかな時代にもかかわらず、王さんが十年も前に死んだ政治家・周恩来《しゅうおんらい》のことをまるで家族のように語る姿に、私は驚いた。中国の庶民は自国の政治家に対して、こんなにも感情移入するものなのか。文革がどれほど人々に恐怖と苦痛を与えたかは想像に余りあるが、その悲惨な体験のなかで、周恩来の存在はおそらく王さんだけでなく、多くの国民の目に「希望の光」と映っていたのにちがいない。とかく人間には「裏と表」があるものだし、周恩来にしても素顔を知らないままに語ることには疑問も残るが、そうした穿った見方はひとまず置いておいて、王さんの熱い感情が深く私の印象に残った。

周恩来は肉親の縁に薄い人だった。

一八九八年、江蘇省の貧困家庭に生まれた周恩来は一歳で伯父の養子になり、九歳で実母が他界すると、養母の親戚の家へ引き取られた。その翌年に養母も他界すると、今度は実父の弟にあたる叔父に引き取られた。その叔父が天津へ転勤するのに伴い、天津にある全寮制のミッションスクール、南開学校の奨学生になった。

周恩来は成績優秀で、品行方正だった。学校の雑用係として働きながら勉強し、論文

愛全公園内の石碑

コンテストで一等賞をとったほか、校内雑誌を創刊したり、劇団を作って女役を演じて評判になったりと、学内ではだれもが知る積極的で優秀な学生だった。周恩来自身もかなり自信を持っていたようだ。卒業時には八十九・七二点の優秀な成績を残し、国文最優秀賞をもらい、晴れて日本留学生に選ばれた。

一九一七（大正六）年八月、十九歳の周恩来は学校から提供された奨学一時金を懐に、五人の同級生とともに天津から船に乗り、意気揚々と日本へ向かったのである。

東京では、友人とふたりで神田区の家具屋の二階に下宿した。入学したのは神田区中猿楽町五番地にある東亜高等予備学校だった。この学校については改めて第十二章で詳述するとして、ここでは、戦後、学校跡地にできた愛全公園のなかに、「周恩来ここに学ぶ」と記した石碑が建てられていることだけ、記しておこう。

さて、周恩来は東亜高等予備学校で日本語を学びつつ、官立の高等学校の受験準備をするつもりだった。だが、いざ入学してみると、思いもよらない誤算を生じて、大きな壁に突き当った。

その頃、周恩来が天津の友人に宛てた手紙には、「私は今、日本語の準備中ですが、たいした困難はありません」と書きながらも、一方では、南開学校で学んだ数学、物理、化学などの英語の教科書を見ながら日本語で考えるのが大変だとも訴えている（『留学日本時期的周恩来』、主編〔中〕王永祥、〔日〕高橋強、中国・中央文献出版社、二〇〇一年）。

どういうことかと言うと、天津の南開学校はミッションスクールであったために、授業は国語（中国語）以外、すべて英語で行われていた。そのため周恩来は数学の数式から物理や化学の実験、美術のデザイン表現にいたるまで、すべて英語で習い覚え、英語の教科書を持参して来たのである。

ところが日本では、これらをすべて日本語で表現しなければならない。これまで学習した知識はそのままでは役に立たず、改めて日本語で学び直さなければならない。つまり頭の中で、英語→中国語→日本語という具合に翻訳した後、ようやく新しい知識を吸収する準備ができるという、二重に手間のかかる作業をこなさなければならなかった。

周恩来はジレンマに陥り、留学に思い描いていた高い理想と知識欲が急速に萎んでいくのを感じたようだ。天津時代のはつらつとした態度は影をひそめ、積極性を失い、勉強に身が入らなくなった。早稲田鶴巻町には天津の学友たちが集まる新中学会があり、そこにはよく顔を出したが、これは親睦の場に過ぎない。

留学した時期が悪かったこともある。

一九〇五（明治三十八）年の日露戦争で勝利した日本は中国大陸への進出を企てていたが、一九一四（大正三）年、第一次世界大戦が勃発したのを好機ととらえ、ドイツに宣戦布告してドイツが占領していた山東省の膠州湾を攻撃し占領した。翌一九一五（大正四）年、西欧列強がヨーロッパ戦線に追われて戦力が手薄になった中国で、日本は袁世凱の北京政府に対して二十一カ条要求を突きつけた。山東省の権益を要求するほか、南満州から内蒙古、華中にいたる広大な地域の権益をも要求するという強引なものであった。五月七日、日本に最後通牒を突きつけられた袁世凱は受け入れることを承諾し、五月九日、条約に調印した。

中国の人々は激しく反発した。日本にいた留学生たちも学業のボイコット運動を展開し、一斉に帰国して反日運動を起こしたが、北京政府の手で鎮圧された。この屈辱を肝に銘じて、中国では五月七日を「国恥記念日」と決めた。

周恩来が来日したのは、その二年後の一九一七年である。翌年の一九一八(大正七)年、まもなく「国恥記念日」の五月七日を迎えようとしていた時期に、留学生たちは新たな難局に直面した。

ロシア革命の後、社会主義の支配力が極東へ波及するのを恐れた日本は、先手を打ってシベリア出兵をしようと目論んだ。そして内蒙古から外蒙古へかけて日本軍が自由に進駐する権利を得ようと、袁世凱亡き後を継いだ段祺瑞の北京政府と日華共同防敵軍事協定を取り交わそうとした。段祺瑞内閣はその代償として日本から借款を得る密約を交わしていることも発覚した。

留学生たちは騒然となり、日本が中国侵略の野望を露わにしたものと受け取った。授業をボイコットして一斉に帰国しようとする運動が始まった。各校で留学生集会が開かれ、代表大会を五月六日に開くことが決められた。

周恩来は日記に、こう記している。

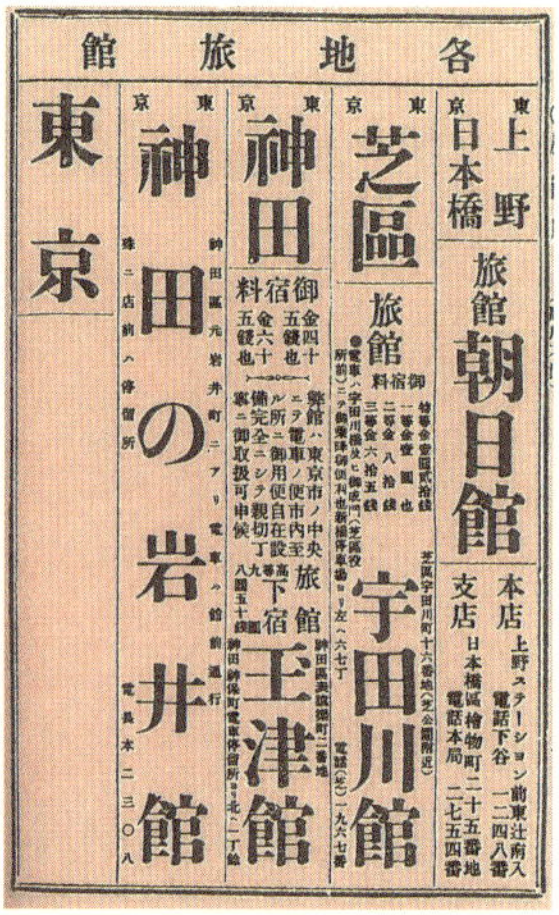

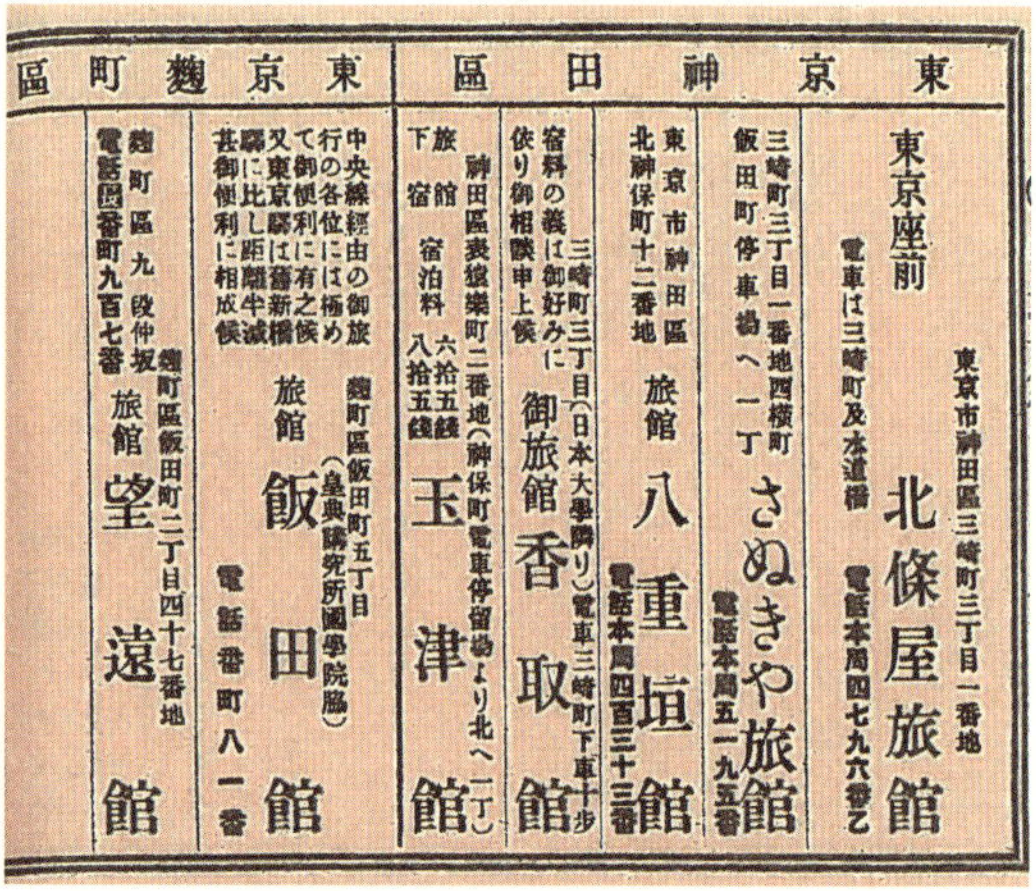

玉津館の当時の広告。上は大正元年、下は大正 4 年(『汽車汽船旅行案内』第 216 号、第 246 号＝新人物往来社復刻版、1998 年より引用)。

早大は昨日、授業を放棄して帰国することを議決した。昨日、各省の同窓会の幹事、代表は宴会を名目に維新號に集まり、帰国総機関幹事を選出した。そのあと、日警に拘束されたが、まもなく釈放された。昨日、帰国を議決したなかに広東、浙江などの省があり、今日にいたって各省がすべて議決した（『周恩来『十九歳の東京日記』』周恩来著、矢吹晋編、鈴木博訳、小学館文庫、一九九九年）。

この日記にある「維新號」とは、当時、留学生に人気のあった神田の中華料理店で、今日でも銀座を中心にして日本各地に支店をもつ老舗の中華料理店である。当夜、学生たちが検挙された「維新號事件」については、拙著『中国共産党を作った13人』（新潮新書）に詳しいので、そちらをご覧いただきたい。

しかしながら、周恩来自身はこうした運動の中心的存在になることもなく、時局の推移を淡々と記録するに止まっている。南開学校から支給された奨学一時金がそろそろ底をつき、なんとか官立の高等学校へ合格して中国政府の奨学金を得なければならなかった。だが、日本語能力の不足から官立の高等学校の受験に失敗し、明治大学政治経済科に籍を置いた。

安い下宿を探し求めて点々として、牛込区山吹町の金島金物店の二階、神田の玉津館、神田区中猿楽町三番地（現、千代田区神田神保町二丁目）の松沢所有の下宿、日暮里（現、台東区谷中五丁目）の霊梅院、神田三崎町の中国人の王朴山所有の家、中野の赤羽（現、中野区東中野五丁目十八番）の下宿屋などを点々としながら、友人たちから借金して食いつなぐ日々がつづくうち、激しいホームシックにかかった。

六月十三日（旧暦の端午の節句の日）の日記には、「たちまち懐旧の情に囚われ、悲しく」なり、中華料理店の「第一樓」に駆け込んで母国の味を噛みしめる様子が記されている（前出書）。

一九一八年、周恩来は最後の望みを託して、京都帝国大学政治経済科選科に入学願書を提出した。京都大学には今もその入学願書が保存されている。端正な筆文字で丁寧に書かれている。いかにも周恩来の律儀な性格を表しているようだ。

当時の京都帝国大学には、社会主義者として名声を轟かせていた河上肇教授がいて、講義はいつも学生であふれかえっていた。周恩来もせめて科目履修生である「選科生」として、憧れの人の講義を受けてみたかったにちがいない。

ところが、周恩来はいったん提出した入学願書を自ら取り下げている。どのような心境の変化があったのだろうか。学費が払えずあきらめたのか。それとも新たな目標でもできたのか。いずれにしても、帰国すると決意するのにそれほど時間はかからなかった。日本を離れる直前の一九一九（大正八）年四月五日、彼は京都の嵐山を散策して、惜別の詩を綴った。『雨中嵐山』と『雨後嵐山』と題する詩文が、今は嵐山の亀山公園に建てられた記念碑に刻まれている。

雨中嵐山

雨中二次遊嵐山、両岸蒼松、挟着幾株櫻。
到尽処突見一山高、流出泉水緑如許、繞石照人。
瀟瀟雨、霧濛濃、一線陽光穿雲出、愈見姣妍。
人間的万象真理、愈求愈模糊、——模糊中偶然見着一点光明、真愈覚姣妍。

雨の中を二度嵐山に遊ぶ　両岸の青き松に　いく株かの桜まじる

道の尽きるやひときわ高き山見ゆ　流れ出る泉は緑に映え　石をめぐりて人を照らす
雨濛々として霧深く　陽の光雲間より射して　いよいよなまめかし
世のもろもろの真理は　求めるほどに模糊とするも――模糊の中にたまさか一点の光明を見出せば　誠にいよいよなまめかし

（蔡子民訳、「周恩来総理記念詩碑建立委員会」資料より）

一九一九年四月、日本を後にした周恩来は天津へ戻り、南開大学文学部に入学した直後、五四運動が起こって学生運動のリーダーとなった。その後「勤工倹学《チンコンジエンシュエ》」（労働しながら学ぶ）制度を利用してフランスへわたり、一九二二年、フランスで組織された中国共産党の細胞に加わった後、帰国して政治運動へと身を投じることになる。

振り返れば、日本での滞在期間は僅か一年半ほどに過ぎない。『周恩来『十九歳の東京日記』』に綴られた東京生活からは、靖国神社などの名所見物の晴れやかさと資金不足の苦労、受験に失敗した苦悩と強い望郷の念など、激しく揺れ動く青春時代の繊細な心理が浮かび上がる。

中国革命のために生死をかけて戦い、戦後は幾多の政治闘争や文化大革命の荒波に翻弄されながらも、周恩来は機知と慈愛の精神で人々を勇気づけた名宰相である。だが、そんな姿は日本留学時代にはまだ見受けられない。幼いときから肉親の縁に恵まれず、孤独と貧しさ、悲哀と苦悩に満ちた青春時代を送ったからこそ他人の悲しみを理解し、「慈愛の人」と呼ばれる政治家になったにちがいない。

第十二章　最大規模の日本語学校——東亜高等予備学校

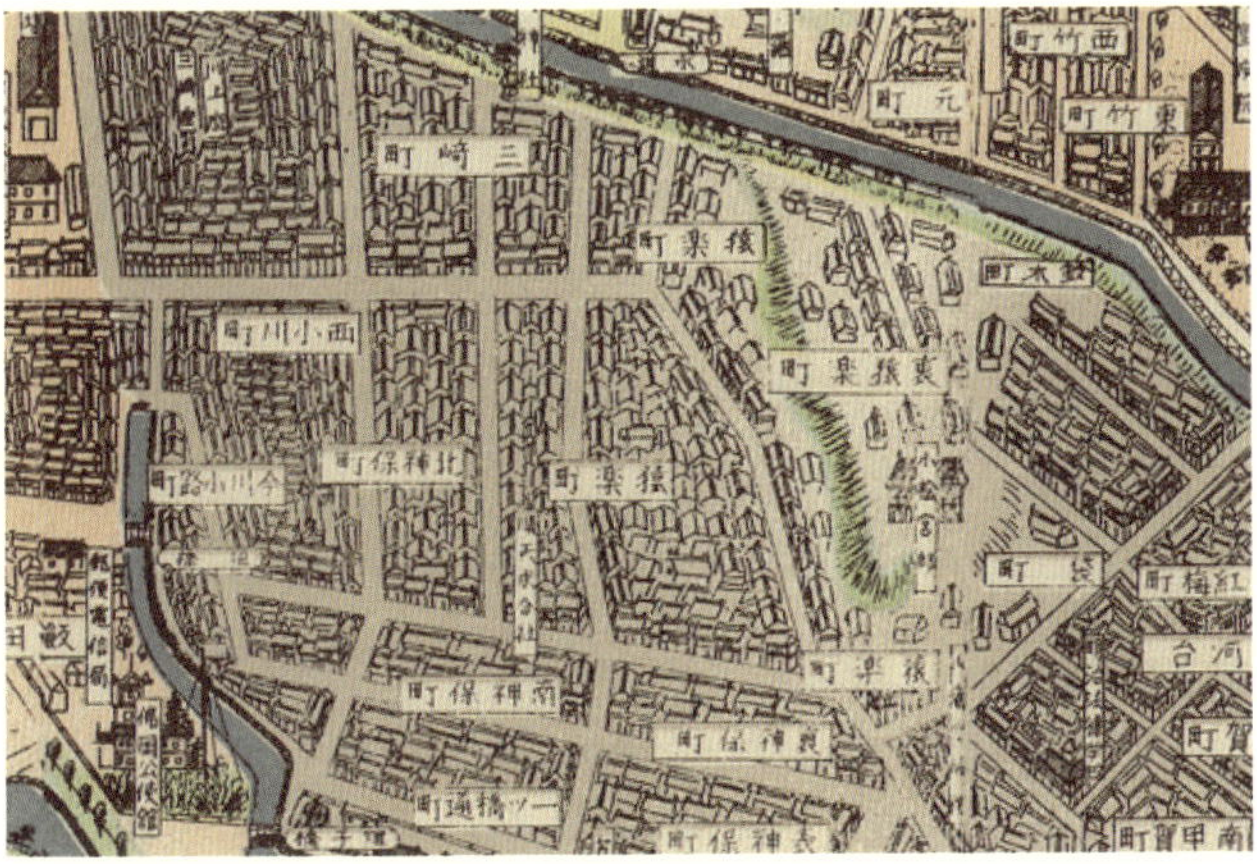

東京一目新図（明治 30 年）

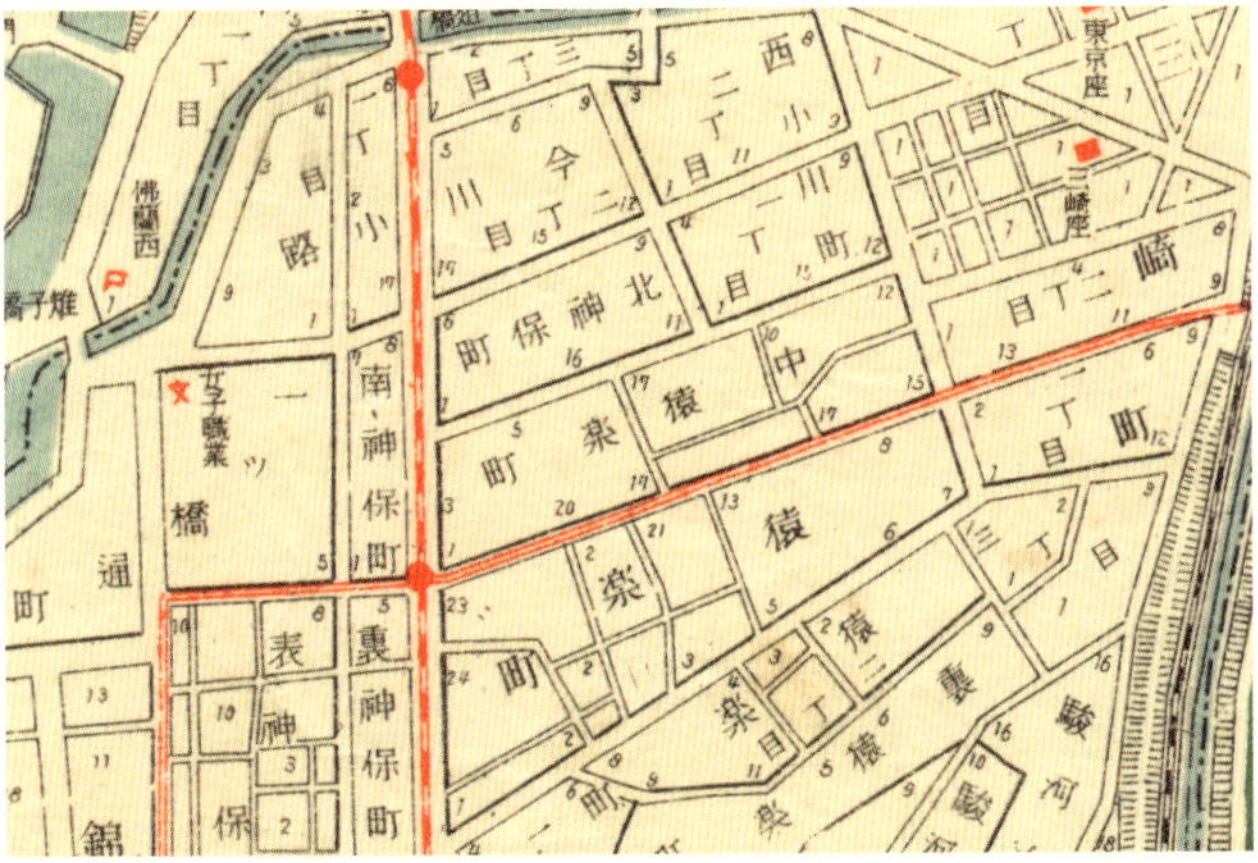

番地入東京大地図（明治 39 年）

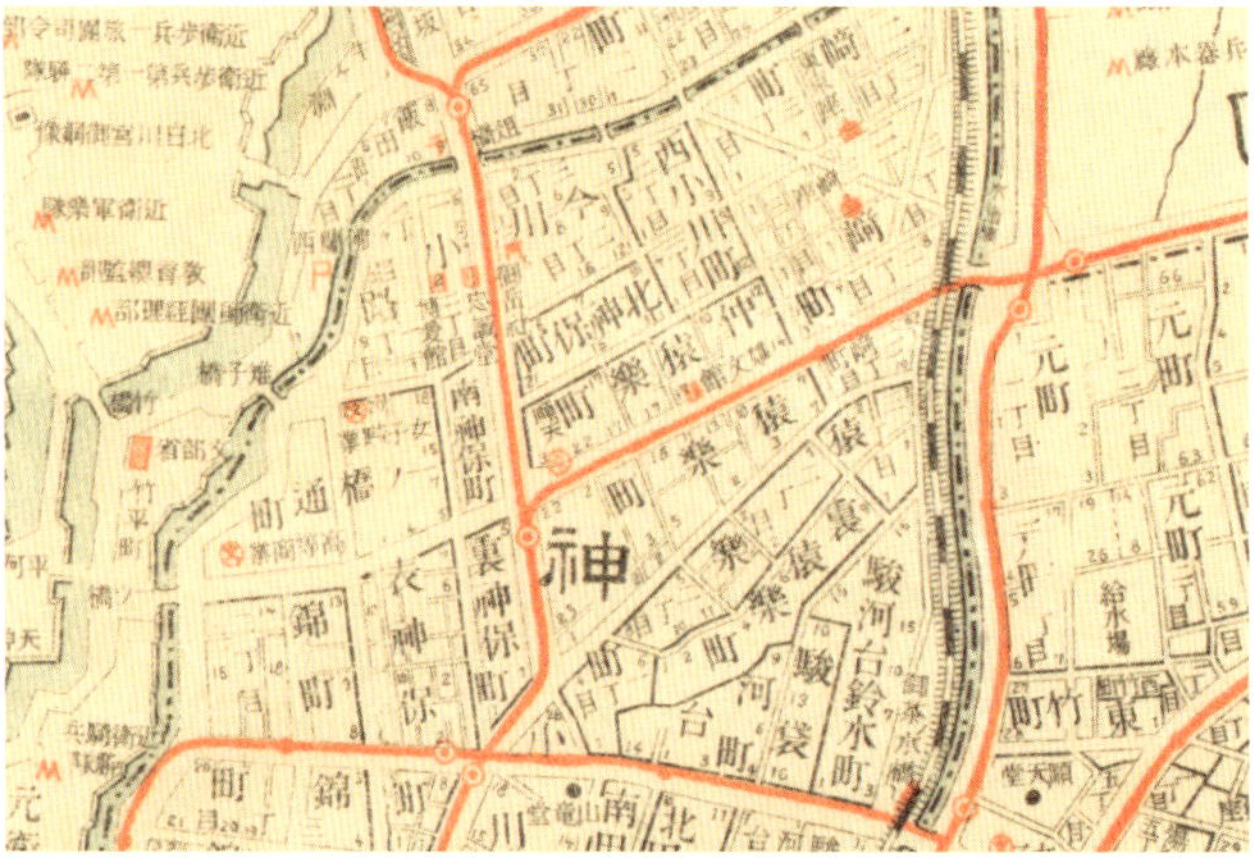

番地入東京市全図訂正 6 版（明治 43 年）

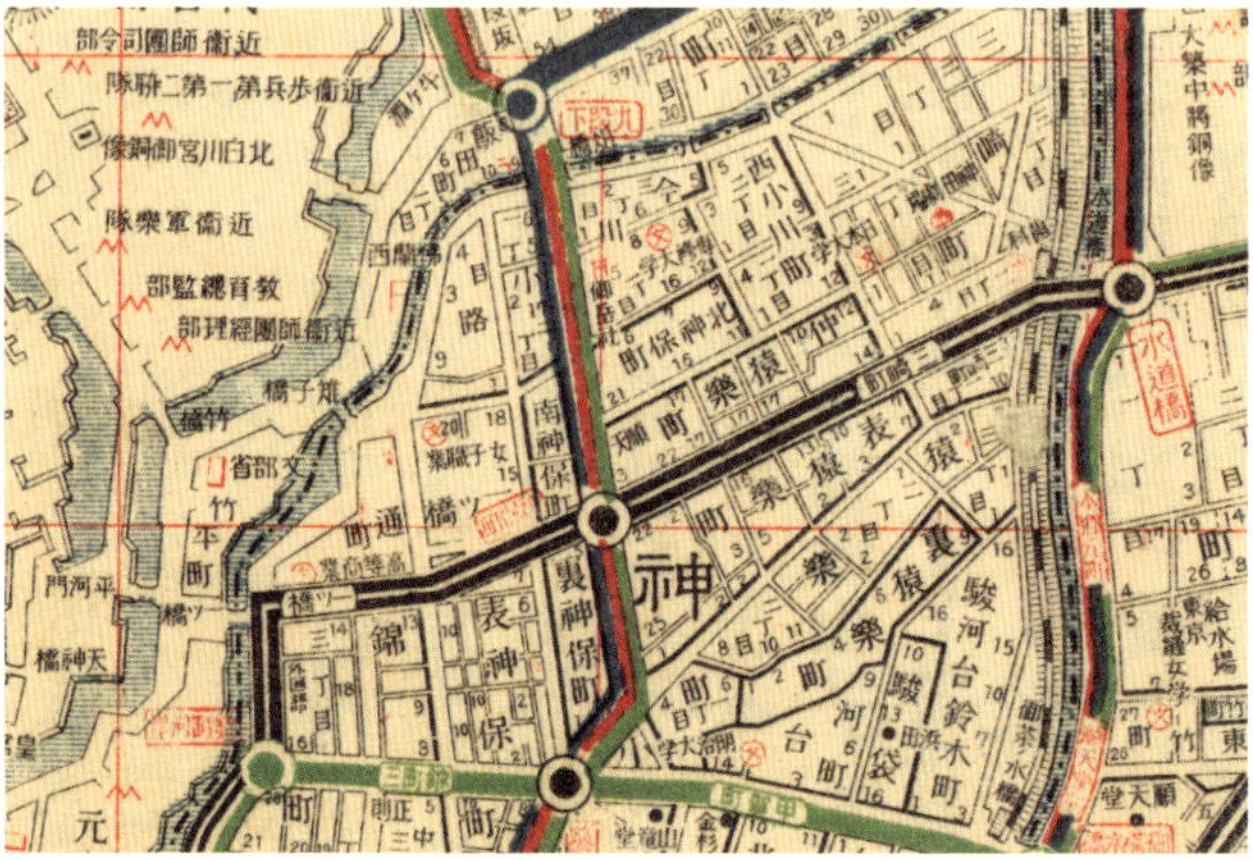

早わかり番地入東京市全図訂正第 46 版（大正 11 年）

現在の愛全公園界隈
閏月社作成

本書の冒頭にも書いたが、私の父は、一九二七年に追われる身となって日本へ「亡命」した。もっとも、いざ日本へ来てみれば、身の危険にさらされることもなく、日々、安全に暮らして勉強に明け暮れたのだから、「留学」したのだとも言えるし、留学生活を楽しんだこともまちがいない。

来日して、最初に入った学校は「東亜高等予備学校」だった。

「東亜高等予備学校は大きな学校でね。校庭も広大なら校舎も立派な鉄筋コンクリート造りだった。学生は中国人留学生ばかり千人前後いたとおもう。みな一高、東大を目指して勉強していたが、実際に合格するのは至難の業だった」と、父は懐かしげに語ったことがある。

広東省出身の学生たちは日本でも広東語ばかり使い、同郷人同士のつきあいが多かった。親友になったのは東京生まれの広東人の廖承志《りょうしょうし》で、彼の父親の廖仲愷《りょうちゅうがい》は孫文の右腕として国民政府の財政部長（大臣）を務め、母親の何香凝《かこうぎょう》も婦女部長（大臣）を務めていた。いわば生粋の革命家庭で、名家の〝ご令息〟として留学生たちからも一目置かれる存在だった。明朗快活な廖君と父は気が合い、貸家を見つけて一緒に住んだ。

ふたりが東亜高等予備学校に在学したのは約半年間のことで、皆と同じように第一高等学校から東京帝国大学へのコースを望んでいた。官立学校へ入学すれば、外務省から多額の奨学金を受けられるからだ。着の身着のまま来日した父にとって、奨学金は日本での生活を保障する必要不可欠なものだった。

ところが、第一高等学校の受験前日、父は猩紅熱にかかって入院した。無論、試験は受けられない。病院のベッドでぼんやり天井を見上げて、将来をおもって暗澹たる気持ちになった。

試験の翌日、廖君が見舞いにやって来ると、「体調はどうだい？」と、明るい声を出した。

「それより試験はどうだった？」と、父はせっついた。

「ああ、受けた」

それを聞いて、こいつ、試験に落ちたな……と、父は思った。

その後も廖君は毎日のように見舞いに来たが、ある日、ちょうど看護婦さんが体温を計っているところへ入ってくると、広東語で口走った。

「僕は君の見舞いに来ても、郭沫若《かくまつじゃく》にはならないよ！」

ふたりは看護婦さんの顔をちらりと盗み見て、ニヤリと笑ったという。


郭沫若は中国の文学者として有名だが、日本に留学した際のエピソードは留学生仲間の伝説になっていた。

一九一四（大正三）年に日本へ留学した郭沫若は、第一高等学校予科を経て岡山第六高等学校で学んだ後、九州帝国大学医学部へ進んだが、在学中から文学に熱中し、帰国後の一九二一年に文学団体「創造社」を設立した。その日本時代に文学を通じて親友になった郁達夫《いくたっふ》が肺結核を患い築地の聖路加病院へ入院した。

見舞いに行った郭沫若は、看護婦の佐藤富子にひと目惚れしてしまい、大恋愛に発展して、ついには結婚したのである。結婚後、佐藤富子は「郭安娜《かくあんな》」と改名し、夫とともにずっと中国に住んだ。郁達夫は後に、郭沫若をモデルにした短編小説『沈淪』を書き、日本女性に恋して揺れ動く、孤独な留学生活を描いている。

ついでに言えば、郭沫若とともに医学を学んだ才人・陶晶孫《とうしょうそん》は、佐藤富子の妹の操と結婚している。このとき以来、日本女性との恋は、中国人留学生にとって憧れの的だったのである。だから廖君は父の枕元に来て、看護婦さんの品定めをしたというわけだった。無論、広東語だから看護婦さんには分からなかっただろうし、たとえ日本語でも、真意までは理解できなかったはずである。

結局、廖承志は早稲田大学、父は慶應義塾大学に入学したが、翌年、政治運動で帰国。その二年後に日本へ戻った父は、今度は早稲田大学政治経済学部へ入学し直した。早稲田大学での思い出は数多いが、何十年たった後にも、来日直後に学んだ東亜高等予備学校の印象は鮮やかで、親友と過ごした心弾む日々は輝いている。

戦前、日本には中国人のための日本語学校がいくつもあった。

最初にできた学校は、第六章でご紹介したとおり、嘉納治五郎が創設した弘文学院である。一九四五年に第二次世界大戦が終結するまで、最も長く存続した日本語学校は、松本亀次郎の創設した東亜高等予備学校である。

松本亀次郎が後にまとめた「中華留学生教育小史」(『中国近現代教育文献資料集I――日中両国間の教育文化交流』、日本図書センター、二〇〇五年)によれば、彼は嘉納治五郎に請われて弘文学院の国語の教師になったことで、中国人教育に関心を抱いた。

しかし一九〇九(明治四十二)年に弘文学院が閉鎖されると、東京府立第一中学の教師に転身。湖南省留学生の曾横海と知り合い、彼の頼みを容れて、日本大学や大成館などの部屋を借りて日本語教室を開催した。すると留学生が殺到したため、教室のやりくりができなくなり、翌年の一九一四(大正三)年、支援者数人から資金を集めて、神田区中猿楽町五番地に二階建て木造校舎を建てた。文部省の正式認可を申請して許可され、学校名は、曾横海との友情に端を発した学校という意味で「日華同人共立東亜高等予備学校」とした。

一九一五(大正四)年、留学生が急増し、駐北京日本大使の伊集院男爵と渋沢栄一子爵の斡旋により、三井、三菱、正金銀行、満鉄、台湾銀行、郵船、古河、東亜興業など、政財界から本格的な支援を受けて新校舎建設の敷地を探していたが、一九一九(大正八)年、隣接地の神田区中猿楽町六番地の土地二百坪を購入したことで敷地が広くなり、建物面積五百余坪（千七百七十平方メートル）という大規模な木造三階建ての新校舎を建設することができた。翌一九二〇（大正九）年に「財団法人」となり、校名も「東亜高等予備学校」に簡略化した。

大きな校舎が建つと、入学する留学生がさらに増えた。これ以後の在籍者数は毎年平均して一千名に達し、多い年には二千名にも及び、日本有数の中国人留学生の教育機関として名が知れわたるようになった。

前章でも触れたが、中国の外相として有名な周恩来が来日したのは一九一七（大正六）年九月。東亜高等予備学校で日本語を学んだ後、東京高等師範学校（現、筑波大学）を受験したが失敗して留学資金が底をつき、失意のうちに一九一九年四月に帰国した。日本に滞在した期間は僅か一年半ほどだったが、その間に書き残した日記が『周恩来日記』（邦訳は、『周恩来『十九歳の東京日記』』、矢吹晋編、鈴木博訳、小学館文庫、一九九九年）として刊行されている。また、『留学日本時期的周恩来』（主編〔中〕王永祥、〔日〕高橋強、中央文献出版社、二〇〇一年）には、東亜高等予備学校について詳しく紹介されている。それらの記述によれば、授業科目は日本語、英語、数学、物理、化学、絵画などがあり、とくに日本語については発音、講読、会話、文法、聞き取り、作文、中国語の日本語訳など、さまざまな授業が行われていたようだ。

東亜高等予備学校の留学生のほとんどは官立学校を受験したが、留学生にはかなりの難関だった。前出『留学日本時期的周恩来』によれば、東京高等師範学校の合格者数は、一九一五年に前期後期合計で三十九名（以下同）、一九一六年は四十六名、一九一七年三十三名、一九一八年七十七名、一九一九年に八十六名で最大多数にのぼった。学校別にみると、東京高等工業学校（現、東京工業大学）と東京第一高等学校に毎年それぞれ七十～八十名の合格者を出した。しかし東京帝国大学農学部（現、東京大学農学部）には、一九一五年に八名が合格しただけで、その後は合格者なし。同大医学部には一九一八年に一人合格したのみ。京都帝国大学法学部（現、京都大学法学部）は一九一七年に一人合格したのみである。

官立学校の毎年の合格者総数は平均二百名前後だが、一九一七（大正六）年の在籍者総数は千七百十人で、一九一八（大正七）年は二千八十五人だから、約一、二割の留学生しか官立学校へ合格できなかった計算である。その他の中国人留学生の多くは、無試験の私立大学の予科や専門学校に行くか、帰国して中国の大学へ入学した。

もっとも、官立学校の合格者の少なさは必ずしも留学生たちの不勉強が原因ではない。日中間の政治状況の悪化につれて、日本では落ち着いて勉強していられない状況が発生したのである。その実例として、一九二〇(大正九)年の同校の官立学校の合格者総数は八十二名に止まった。これは統計をとった二月の時点で、まだ入試が実施されていなかったことに加え、一九一八年に日本が中国に日華共同防敵軍事協定を強要したことに反発して留学生が大挙して帰国し、一九一九年の在籍者数が八百三十三人に激減したためであった。また、幸いにも官立学校に合格しても、日本の対中侵略政策に抗議して自ら大学を退学し、留学生が「総帰国」するという事態は、二〇年代以降、なんども繰り返されることから、来日する留学生総数にも大きな変動がある。

さて、一九二三(大正十二)年九月一日、関東大震災が起きた。神田区にあった東亜高等予備学校も木造の校舎が全焼し、大切な図書や資料を焼失してしまった。授業の目途が立たずに留学生たちは日華学会の支援で泣く泣く帰国していった。

地震が起きたとき、校長の松本亀次郎は静岡県の実家に帰省中で、あわてて清水港から船で上京してみると、東京の自宅も焼失して跡かたもなくなっていた。そうした中でも校舎の再建に奔走した。焼け残った煉瓦を拾い集めて水で洗い、学校の周囲に板を打ち付けて針金で囲った。建設業者を探して掘立小屋を建ててもらい、十月五日になんとか臨時校舎が完成したので、学校を再開するビラをあちこちに張った。十月十日、掘立小屋で再開した授業にやってきた留学生は十名。十日、十五日、一カ月、二カ月と時間が過ぎるに従い、留学生は二十名、四十名、百名と戻ってきた。こうして翌年の六月までの九カ月間耐え忍び、松本は外務大臣の伊集院男爵に陳情して復興資金を求めつづけた。

一九二四（大正十三）年、外務省は優先的に復興資金を拠出し、七月、木造瓦葺屋根の校舎三百三十坪（千百平方メートル）を建設した。文部省文化事業部は、震災復興計画で逼迫する国庫をかんがみて、日華学会と東亜高等予備学校の合併を提案した。翌年、外務省と文部省の承認を得て両組織は合併。東亜高等予備学校は「財団法人」を解消して、資産と債務を日華学会へ譲渡したが、広く知れわたっていた校名はそのままとした。新任の校長に日華学会会長の西川男爵が就任し、松本は副校長に就任した。

一九二八（昭和三）年、外務省の援助で新校舎の建設が決定し、建築面積五百八十四坪（千九百四十七平方メートル）の鉄筋コンクリート造りの三階建て（一部四階建て）

東亜学校（『日華学会二十年史』）

新校舎の建設に着工。翌年落成した新校舎は威風堂々として、教職員が二十七名、十七クラスに在籍する留学生総数は七百七十名にのぼった。それ以後、震災前にも増して活発な教育を施したばかりか、毎年、中国へ教育視察団を派遣して日中の教育レベルの向上にも努めた。

私の父が東亜高等予備学校へ入学したのは一九二七（昭和二）年の秋だから、新校舎の建設直前である。やがて完成した近代的な新校舎を目の当たりにして、二十歳になったばかりの父は何をおもっただろう。陽の光を受けて眩いばかりに輝く白亜の新校舎を見上げて、自分の未来にも希望を抱いただろうか。

一九四五年、第二次世界大戦で日本が敗戦したのに伴い、東亜高等予備学校は閉校した。だが、戦前来日した中国人留学生の多くが、東亜高等予備学校にまつわる思い出を記録に残している。松本亀次郎の献身的な教育の下で、心通わせた仲間たちと競い合い、笑い、泣いた日々は、きっと生涯忘れられない青春時代の思い出となったにちがいない。

第十三章　留学生の憩いの場——清国留学生会館と女傑・秋瑾

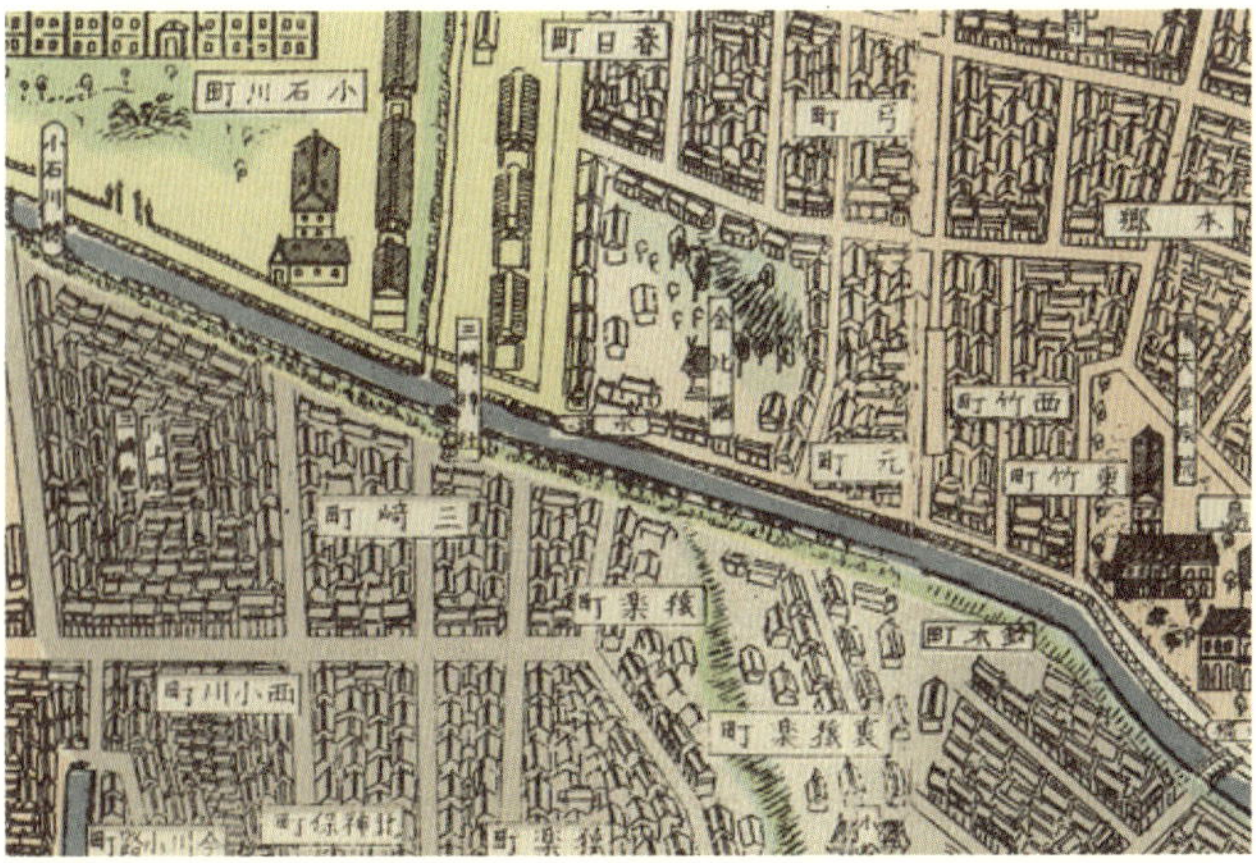

東京一目新図（明治 30 年）

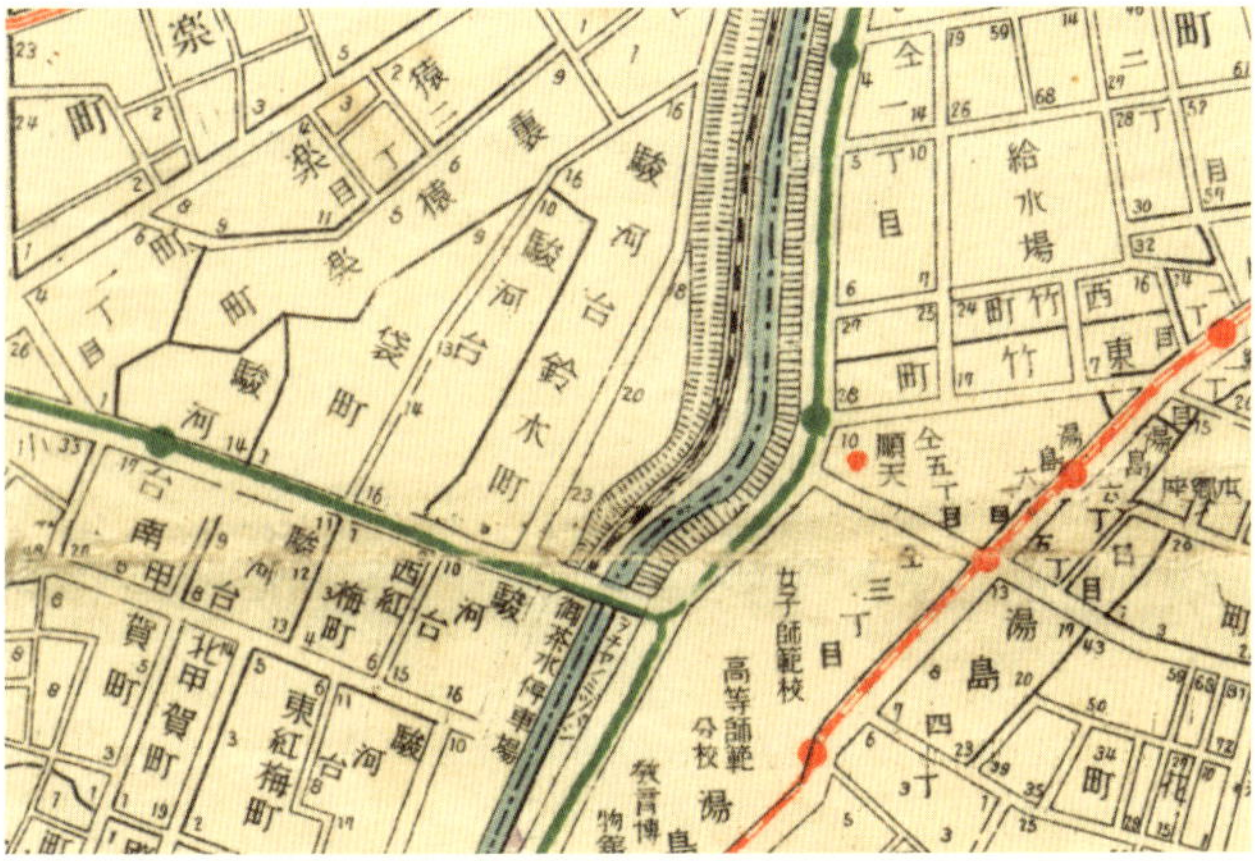

番地入東京大地図（明治 39 年）

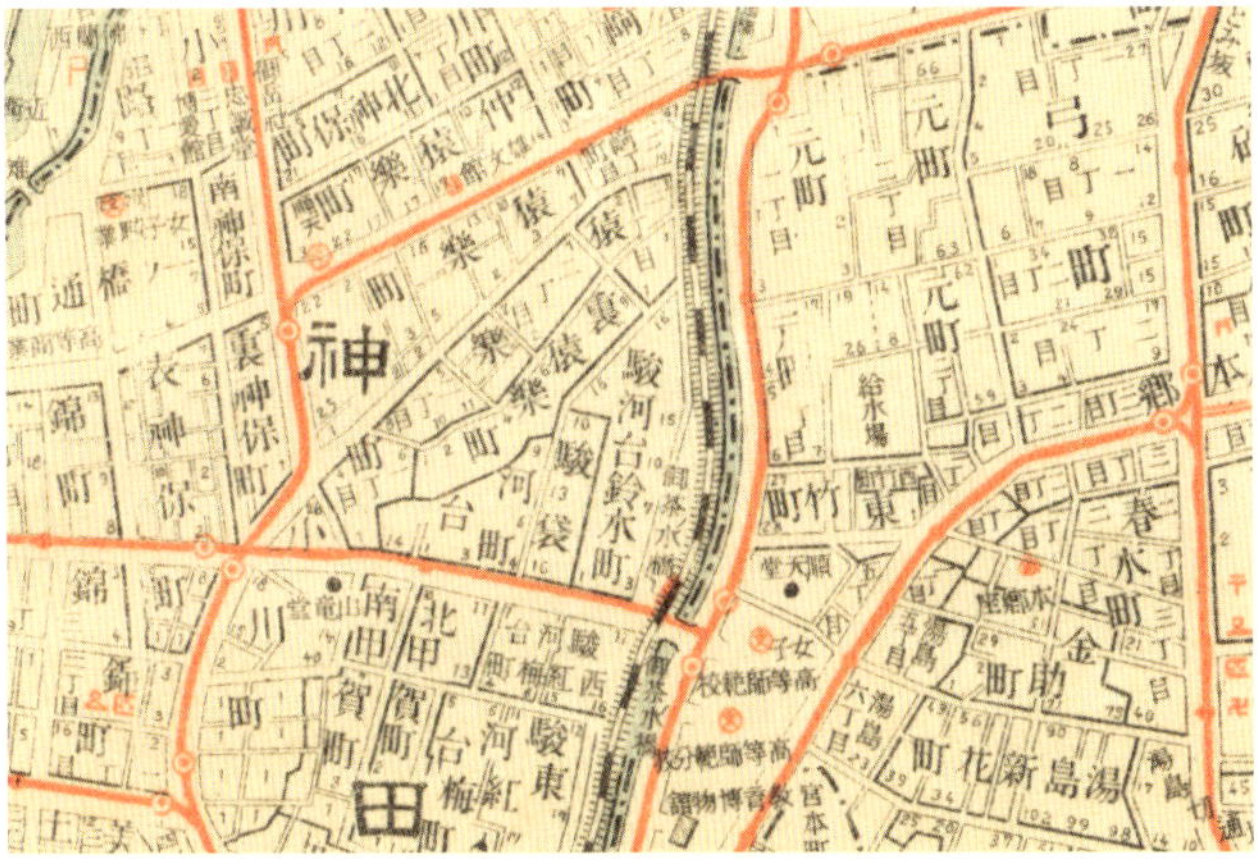

番地入東京市全図訂正 6 版（明治 43 年）

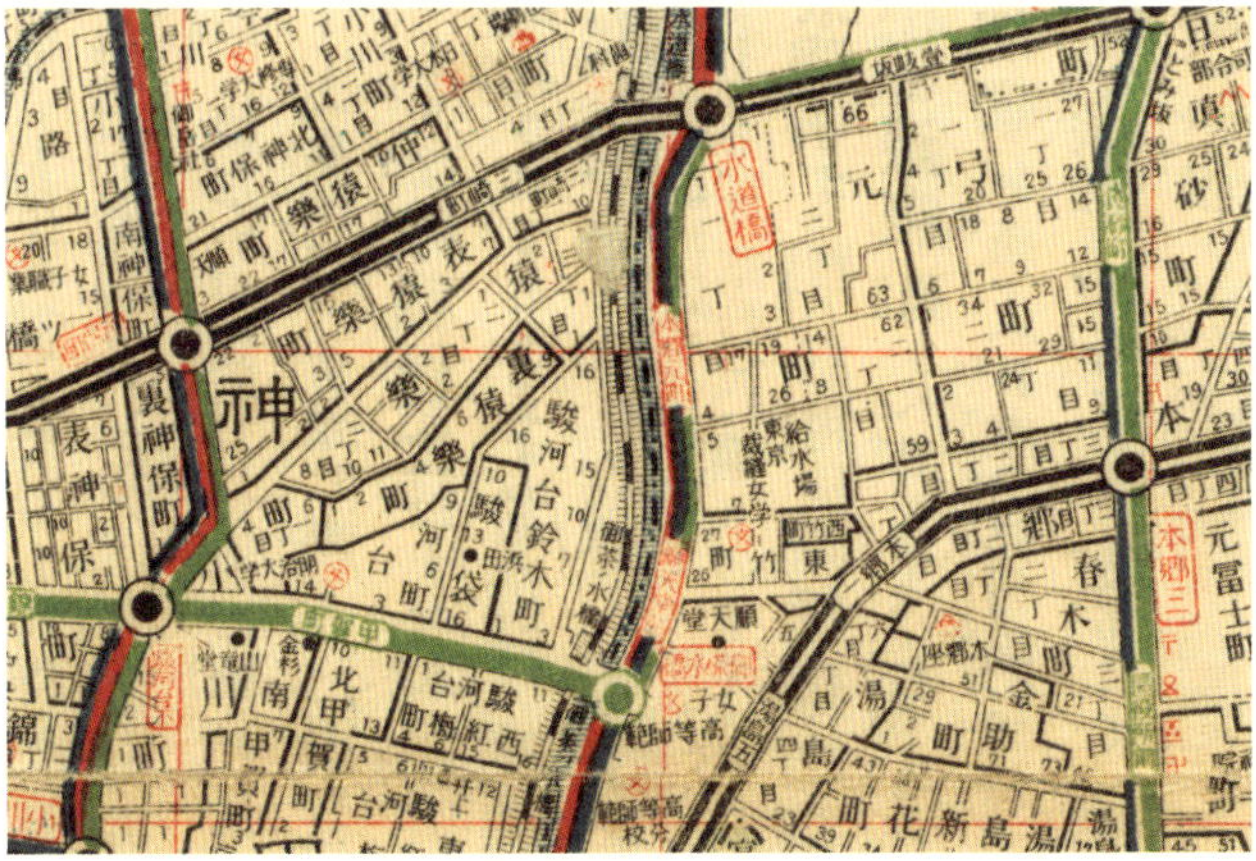

早わかり番地入東京市全図訂正第 46 版（大正 11 年）

現在の神田駿河台二丁目界隈
閏月社作成

明治維新後、日本の近代化に学ぼうと来日した中国人留学生は最盛期の一九〇五（明治三十八）年には一万人近くいた。その後、満州事変から上海事変、本格的な日中戦争が勃発するに従い、留学生の数は急激に減少したが、戦時中の四〇年代まで含めて、戦前の日本には常時、数千人規模で留学生が滞在していた。来日当初、彼らの多くが東京に住んだが、とりわけ神田界隈には留学生が集まった。清国人専用の日本語学校である東亜高等予備学校、日華学会のほか、明治大学、専修大学、日本大学などがあり、また憩いの場として清国留学生会館があったことからである。

さねとう・けいしゅう『中国人日本留学史』（くろしお出版）によれば、清国留学生会館は、一九〇二（明治三十五）年、当時の駐日清国公使の肝いりで設立された。住所は、駿河台鈴木町十八番地（現、神田駿河台二丁目三番地）で、ＪＲ水道橋駅からＪＲ

御茶ノ水駅方向へつづく坂道を登ったところにあったという。

もっとも、それは間口五間（約九メートル）、奥行き十間（約十八メートル）ほどの小さな二階建ての木造家屋で、間取りは、一階に売店兼事務室、ラウンジ、会議室があり、二階のいくつかの小部屋では日本語の補習などを行っていた。留学生たちはラウンジで中国語の新聞を読んだり、雑談に興じたり、同郷者同士の会合を開いたりと、便利に使っていたようだ。

来日した留学生たちの多くが、この清国留学生会館について後に記しているが、設立直後の一九〇二（明治三十五）年三月に来日した魯迅も、小説『藤野先生』のなかで、こう描写している（立間祥介訳、『魯迅全集』第三巻、学習研究社、一九八五年）。


中国留学生会館の門衛室ではちょっとした本が手に入ったので、ときどき顔を出してみるだけのことはあった。午前中なら、奥のいくつかの洋間で休むこともできた。だが、夕方になると、あるひと間の床がきまってドスンドスンと鳴り出し、そのうえ部屋中にもうもうたる埃が立ちこめるのである。消息通に尋ねてみると、「なあに、ダンスの練習をやっているんですよ」とのことだった。

留学生の中には、東京で流行っていたダンスホールへ入り浸ったり、日本人女性との恋愛に熱中して本国送還になる者もいて、そうした処分は清国留学生会館の掲示板に張り出された。

一九〇三（明治三十六）年、東京でハレンチ事件が起きた。といっても留学生ではない。なんと清国政府から派遣された駐日学生監督の姚煜《よういく》が、女子留学生にセクハラを働いたことが発覚したのである。

現在の神田駿河台二丁目

留学生たちはみな怒り心頭に発したが、なかでも弘文学院に在籍していた陳独秀や張継ら、五人の革命派の者たちは公使館へ押しかけて、ナイフをチラつかせて姚煜を脅した。姚煜は跪いて命乞いをしたが、五人は彼の辮髪を切り落とし、意気揚々と引き上げると、清国留学生会館のラウンジの壁に吊りさげた。「これは姚煜の辮髪である」という張り紙を見た留学生たちは、日ごろから革命運動に制限を加える学生監督に不満を抱いていたこともあり、さぞかし溜飲を下げたことだろう。

清朝時代のプライドの象徴であった辮髪を失った学生監督は、五人を「不良学生」として日本政府に強制送還の処分を要請し、自分も人知れず本国へ帰還してしまった。当時の清国では、性犯罪者が逮捕されると「斬髪の刑」に処せられたため、辮髪のない姿で街中を歩くと、それを見た人々から嘲り笑われるのが常であった。きっと姚煜も恥ずかしくて東京にいられなかったのだろう。

このとき強制送還された陳独秀は、ご存知のとおり、上海で雑誌『新青年』を主宰して五四運動（一九一九年）の火付け役になり、一九二一年に上海で中国共産党を創設した人である。

清国留学生会館は、やがて政治闘争の拠点として使われるようになった。

一九〇五（明治三十八）年、孫文が東京で革命結社の中国同盟会を組織すると、清国政府は日本政府に取り締まりを要請し、日本政府も中国での利権保持のために応じて、「清国留学生取締規則」を発令した。

留学生たちは激しく反発し、清国留学生会館で緊急集会を開いた。学生たちが問題視したのは、「清国留学生取締規則」の第十条、「清国人ヲ入学セシムル公私立学校ニ関スル規定」の「性行不良」という文言だった。「性行不良」には明らかに革命運動も含まれるとして、授業の一斉ボイコットを呼びかけた。

女子学生の秋瑾は反対運動の急先鋒のひとりだった。彼女は留学生の「総帰国」を強硬に主張した。魯迅と同郷の浙江省紹興出身の秋瑾は、北京で結婚して二児をもうけたが、親の決めた結婚に飽き足らず、一九〇四(明治三十七)年に単身で日本へ留学した。「自分は革命のためにのみ存在するのだ」という強い覚悟をもっての来日だった。

日本に到着すると、弘文学院の速成師範科に編入した後、青山実践女学校で教育、工芸、看護学などを熱心に学んだ。その一方では中国同盟会に参加して浙江省の責任者になり、神楽坂の武術会に通って射撃の訓練にはげみ、爆弾製造の技術も学んだ。ずばぬけた美貌と激しい気性、激烈な革命志向をもつ女子学生の秋瑾は、留学生のなかでもひときわ目立つ存在だった。

秋瑾は、清国留学生会館で開かれた浙江同郷会の席上、留学生の「総帰国」を強く主張した。しかし煮え切らない態度の留学生がいるのを見ると、激昂して「死刑！」と叫んだ。

魯迅の弟の周作人は、そのときの様子を『魯迅の故家』（松枝茂夫、今村与志雄訳、筑摩書房、一九五五年）にこう記している。

> 留学生は挙って反対運動を起こし、秋瑾が先頭になって全員帰国を主張した。年輩の留学生は、取締りという言葉は決してそう悪い意味ではないことを知っていたから、賛成しない人が多かったが、それでこの人たちは留学生会館で秋瑾に死刑を宣告された。魯迅や許寿裳（魯迅の親友＝第八章参照）もその中に入っていた。魯迅は彼女が一口《ふり》の短刀をテーブルの上になげつけて、威嚇したことも目撃している。

実際のところ、孫文も留学生の「総帰国」には反対だった。帰国して戦いに参加すれば、無駄に若い命を失うことになり、革命勢力にとっては大きな損失になると考えていた。それゆえ中国同盟会の同志による留学生への説得工作もあったようだ。

秋瑾

しかしながら、授業ボイコット運動は過熱し、全留学生の約半数が帰国を決めると、その年の十二月、秋瑾率いる「総帰国」賛成派が一斉に帰国していった。
秋瑾は故郷の浙江省に戻ると、大通学堂を開校して軍事訓練を行いつつ、安徽省の徐錫麟と呼応して武装蜂起を画策したが、情報が洩れて逮捕され、一九〇七年七月十五日早朝、斬首された。三十一歳の若さであった。

魯迅にとって、秋瑾の印象は強烈で、彼女の死はいかにも無念であった。一九二五年に書いた評論文「「フェアプレイ」はまだ早い」では、中国の旧勢力の悪辣さに警鐘を鳴らす一方、秋瑾の死について書いている。

革命党は……すこぶる「文明」になった。……われわれは水に落ちた犬は打たぬ、勝手に上ってこい、というわけである。そこで、かれら（旧勢力の紳士や官僚）は上ってきた。民国二年の後半期までひそんでいて、第二革命の際、突如あらわれて袁世凱を助け、多くの革命家を咬み殺した……これすなわち、革命の烈士たちの人のよさ、鬼畜にたいする慈悲が、かれらを繁殖させたのであって、そのため目ざめた青年は、暗黒に反抗するためには、ますます多くの気力と生命とを犠牲に供さねばならなくなったのである。

秋瑾女史は、密告によって殺されたのだ。革命後しばらくは「女俠」とたたえられたが、今ではもうその名を口にするものも少なくなった。革命が起こったとき、かの女の郷里には都督——いまいう督軍とおなじもの——が乗り込んできた。それはかの女の同志でもあった。王金発だ。かれは、かの女を殺害した首謀者をとらえ、密告事件の証拠書類を集めて、その仇を報じようとした。だが結局は、その首謀者を釈放してしまった。……ところが、第二革命の失敗後になって、王金発は袁世凱の走狗のために銃殺された。その有力な関係者に、かれが釈放してやった秋瑾殺害の首謀者があった（『魯迅評論集』竹内好編訳、岩波文庫、一九八一年）。

秋瑾に関するすぐれた評伝として『秋風秋雨人を愁殺す——秋瑾女士伝』（武田泰淳、筑摩書房、一九六八年、ちくま学芸文庫、二〇一四年）がある。ご興味のある方はぜひご覧いただきたい。

中華基督青年会館
（実藤恵秀『中国人日本留学史稿』日華学会、1939年）

清国留学生会館は、もはや留学生たちの政治運動の場と化した。四方の壁には日本政府に対する反対運動のスローガンや中国革命を擁護する張り紙、集会の開催予定を記したメモなどがびっしりと張られ、人の出入りが激しくなった。

やがて手入れを忘れた家屋は荒れ果て、留学生の憩いの場でなくなったことで、清国公使館は運営を停止した。

日本に居残った留学生たちは、一九〇七（明治四十）年、北神保町（現、神田神保町二丁目）に新設された中華留日基督教青年会館へと移動していった。そこには宿泊施設も食堂も完備されていたため、新たに来日した留学生たちの臨時の宿泊所として機能し、憩いの場となったのである。

第十四章　留学生の胃袋、そして知恵袋——神保町の書店街

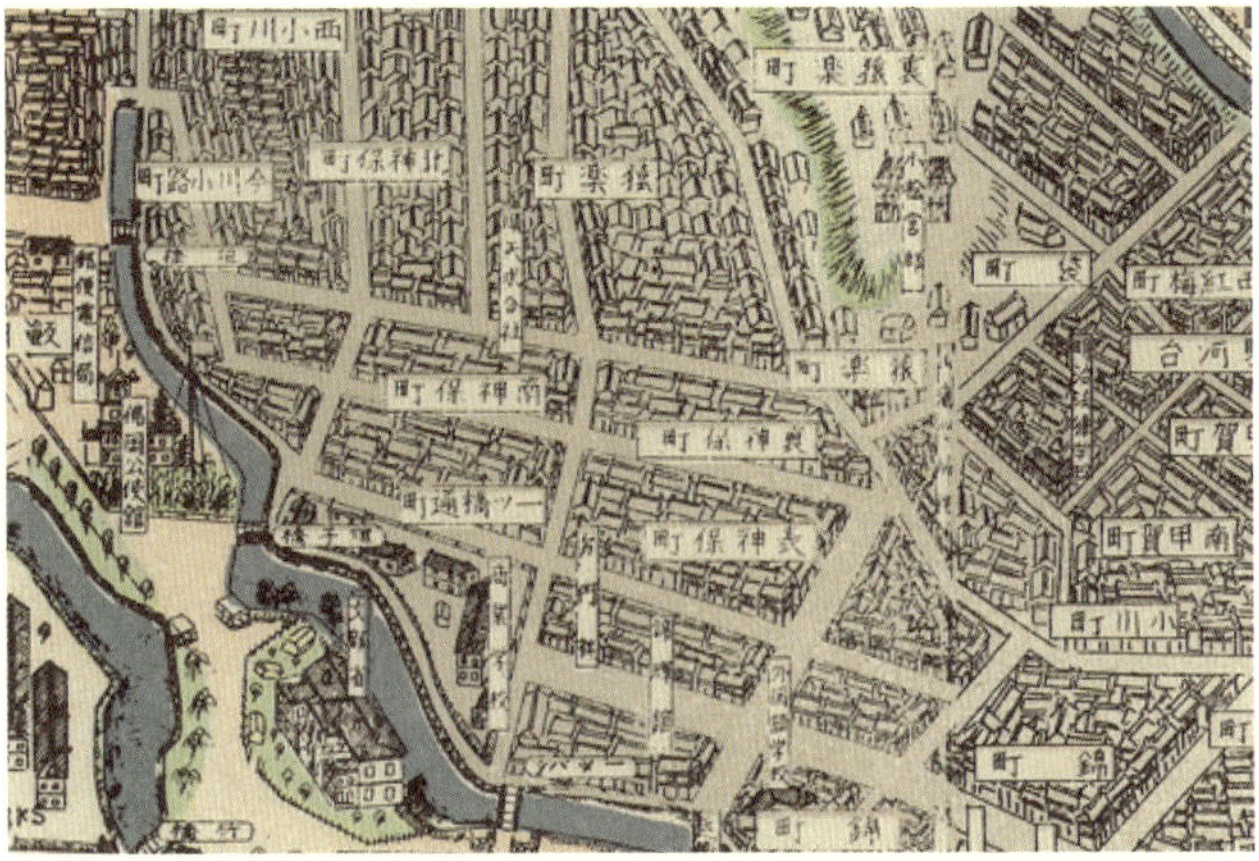

東京一目新図（明治 30 年）

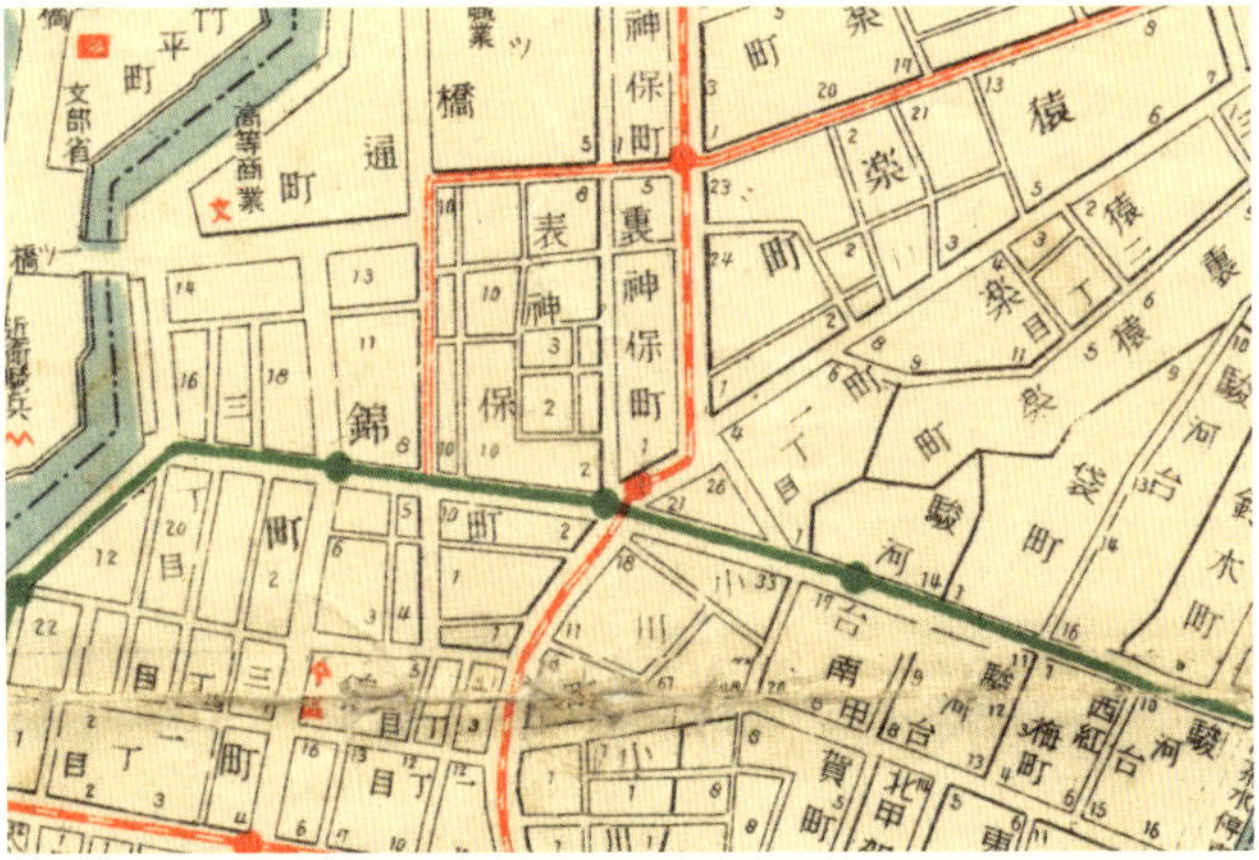

番地入東京大地図（明治 39 年）

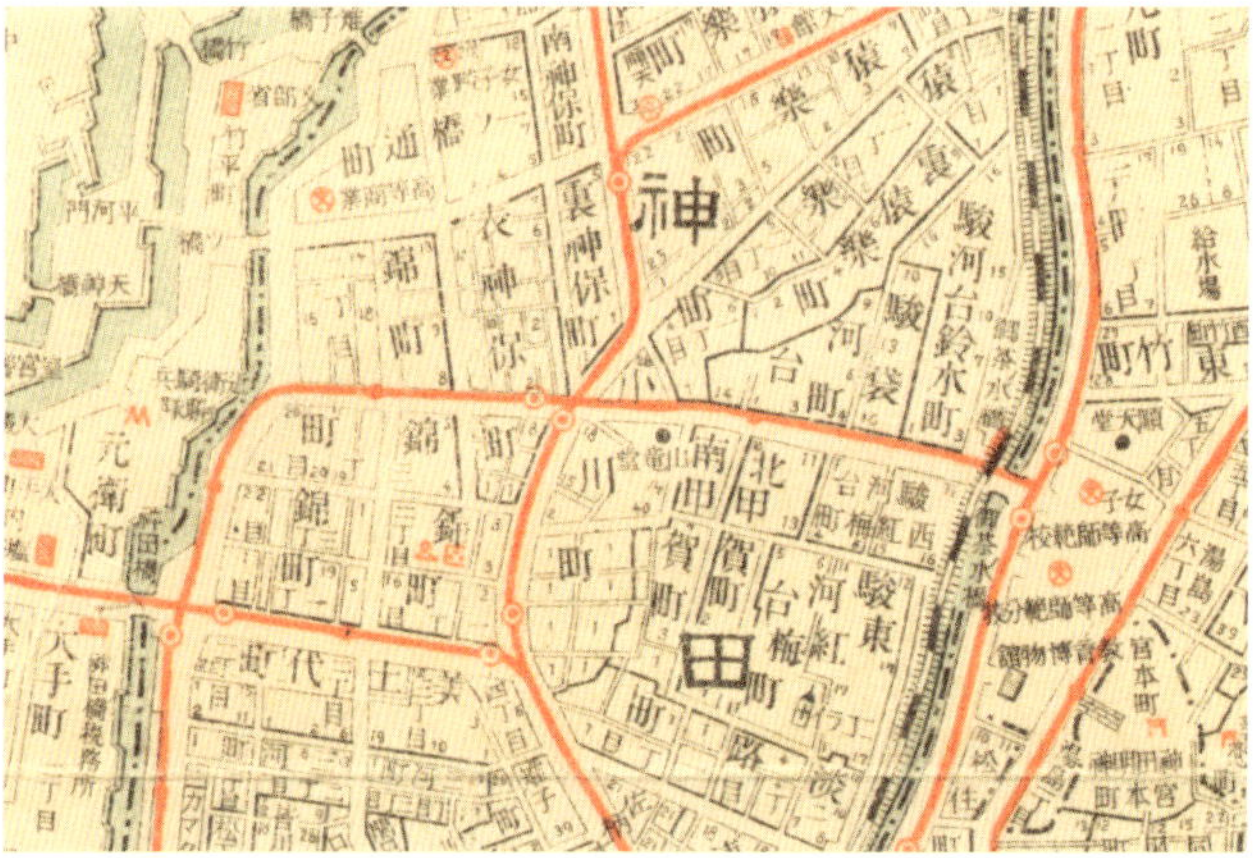

番地入東京市全図訂正 6 版（明治 43 年）

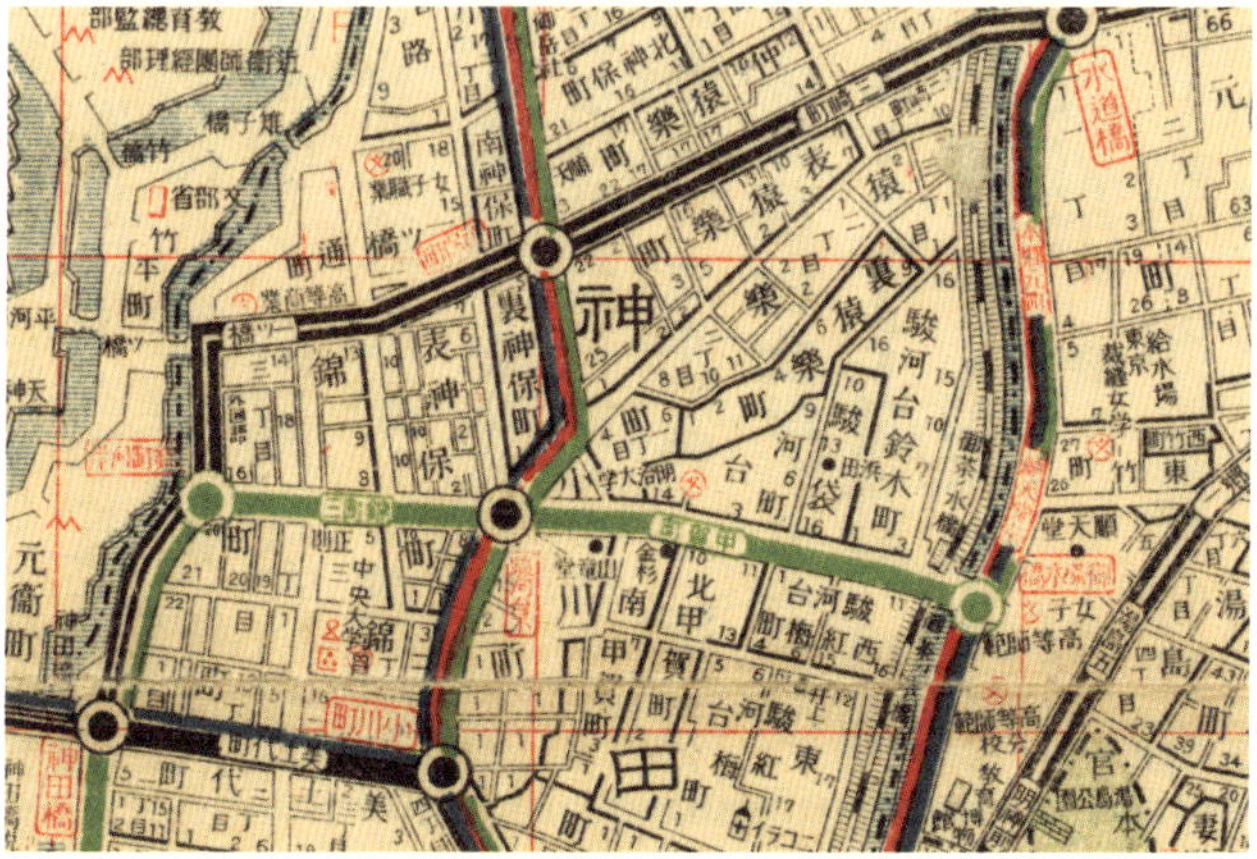

早わかり番地入東京市全図訂正第 46 版（大正 11 年）

現在の神田神保町界隈
閏月社作成

中国人留学生がはじめて日本を訪れたとき、最初に大きな困難を感じるのは「食文化」のちがいであろう。とりわけ食事つきの下宿先で供される日本食に違和感をもった留学生は少なくなかった。

弘文学院で学んだ黄尊三《こうそんさん》は、下宿ではじめて食べた日本食について、こう綴っている。

すこぶる簡単で、一汁一菜、味は至って淡泊……夕食は汁と卵、飯も小さな箱に盛り切り。初めて食べてみると、具合が悪い（『清国人日本留学日記』さねとうけいしゅう他訳、東方書店、一九八六年）。

「味が淡泊」、「量が少ない」、「油分がない」、それに「冷たい料理」という四つの特徴は、今にいたるまで、中国人が常にいだく日本食への違和感にちがいないが、そんなとき、留学生の胃袋を満たしてくれたのが、東京の街中にある夜店の屋台だった。
作家の茅盾《ぼうじゅん》は、一九二七年に蔣介石の起こした反共クーデター「四・一二事件」で弾圧されて、翌年日本へ亡命したが、約三年間の日本滞在で最も印象に残ったことのひとつに、夜店の多さを挙げている。

当時、東京の銀座には夜店があった。道端の露店である。歩道の片側に、防水布や布、最も簡単なのは数枚の新聞紙を地面に敷いて、雑多な物を並べ、その真ん中に商人がすわって、大きな声で売っている。日用雑貨や子供用玩具などから、古本まであって、古本には、日本語のもののほかに、英語、フランス語、ドイツ語、それに中国語のもあった（「亡命生活の事ども」『わが青春の日本――中国知識人の日本回想』、人民中国雑誌社編、東方書店、一九八二年）。

一九三〇年代に日本大学に留学した新聞記者の張友漁《ちょうゆうぎょ》も、来日当初に神田区北神保町にある中華留日基督教青年会館に宿泊し、興味津々で夜店を眺めた。

毎日午後五時か六時になると、町の両側にさまざまな店がならんだ。売り手の呼び声は、解放前（中華人民共和国の建国以前）の北京の天橋に出ていた露天ふる着屋と同じようだ。夜店を出している者の中には大学生もいた……食事をするのに、安くて便利なのは市民食堂だった。この種の食堂は東京市がやっているもので……ここには定食というのがあった。一定の食事で一定の値段だった。昼食は一汁一菜にどんぶりめし、それが一五銭だったから、中国から来てわたしのように貧乏な学生生活をしている者にとっては、もってこいの食事だ。東京の貧しい大学生や安サラリーマンも大勢ここの食堂で定食を利用していた（「一九三〇年代の留学生活」同前）。

そして彼は、町に麻雀クラブが多く、昼夜の別なく流行り、手を上げればすぐに止まる一円タクシーや、無数にあるポストの隣には必ず切手とはがきを売る雑貨屋があるという、まことに便利な都会生活を描写している。

留学生たちの回想録を読むと、夜店の屋台の焼き鳥屋に足しげく通って一串一銭の焼き鳥をほおばったという話も少なくない。つまり、量が多く、熱々の料理を食べさせてくれる市民食堂や大衆食堂、それに焼き鳥などの味がしっかりした日本の食べ物が、留学生たちから歓迎されたのである。

神田周辺には、そうした夜店や屋台以外に、清国留学生をあてこんだ中国食材・雑貨品を売る小さな店もあった。店主は浙江省の寧波出身の華僑だった。

一八九九（明治三十二）年、神田区今川小路（現、神保町三丁目）に開店した維新號は、最初は名前もない小さな店だった。留学生が足しげく通って中国食材や雑貨品を買ううちに、求められて簡易食堂も兼ねるようになった。ピータン、塩卵、焼き飯、肉入り麺、豆腐料理、豚肉野菜炒めなど、ごく簡単な料理を出すだけだったが、下宿先で油物を口にできない留学生たちは喜び、評判になって繁盛した。

「『維新號』という屋号も、実は留学生がつけたものです」と言うのは、現在の維新號の三代目経営者の鄭東耀《ていとうよう》氏である。

開店当時、留学生たちは店に集まって中国料理を食べながら、祖国の未来について話し合った。そして日本が明治維新で近代化を成し遂げたように、祖国の未来もそうであってほしいと願い、我が家同然のこの店に『維新號』と名づけたのである。

維新號に集まる留学生たちの話題は時代とともに変化した。創業初期の明治時代にはもっぱら清朝打倒運動に花が咲いた。それが大正半ば以降、日本の中国侵攻と留学生に対する思想統制が厳しさを増すに連れて、反日運動や反帝国主義運動について議論沸騰することが多くなった。

大正中期になると、中華料理は日本人にも親しまれるようになり、神田には「維新號」のほかにも「中華第一楼」「会芳楼」「漢陽楼」など中華料理店が十数軒に増え、日本人が経営する日比谷の「陶々亭」「山水楼」、虎ノ門の「晩翠軒」、茅場町の「偕楽園」などは、中国人コックを雇って大規模に営業した（鄭東静、鄭東耀「中華料理・百科事典3」、雑誌『味の手帖』三月号、一九九四年）。

こうして神田には、大正時代以降、一説には百四十軒もの大小さまざまな中国料理店ができた。その頃の中華第一楼は神田区神保町のすずらん通りにあり、現在では中央区銀座に移転している。漢陽楼は神田区猿楽町から小川町に移転し、今日も営業している。漢陽楼の初代が浙江省紹興出身だったため、紹興料理を出した。後に中国の首相になった周恩来が大きな肉団子の「獅子頭《スーズートウ》」を食べたことで有名である。

さて、「胃袋」を満たすこと以外にもうひとつ、神田の街が留学生たちを虜にしたのは書店の多さである。新宿には、洋書の丸善や有名な紀伊國屋書店があり、西欧の近代科学書や最新刊の書物が並べられていたが、貧乏な留学生たちにとっては高価すぎて手が出ず、新刊書や雑誌を一、二時間立ち読みするのがせいぜいであった。

それに比べて、神田には老舗の叢文閣や白楊社以外に、古本屋が無数にあり、ゆっくり書店巡りをするなかで、思わぬ掘り出し物に出会う楽しみもあった。

前出の新聞記者の張友漁は言う。

（神田には）もう一種の露天があり、これは夜店とちがって常設だが、客はやはり夜が多かった。それは東京の古本屋だ。当時の東京は住宅事情がきびしく、一般の人は自宅に大量の本を置くのは不可能だったので、読み終わるなりすぐ売ってしまう習慣だったといわれる。ことに神保町あたりでは露天に積まれた本の大部分は相当新しいものだった……中華キリスト教青年会に住んでいたころ、毎日夕食後は必ず本屋の夜店をひやかして歩いたが、それがひとつの楽しみになっていた。わたしはここで内容のすぐれた円本をかなり買った。最初に読んだ日本語訳の資本論は、

現在のすずらん通り

神保町のそういう所で買った……産業時報、国際通訊、プロレタリア文化、プロレタリア哲学など、秘密出版のものもここにはいつもあった……。中には当時発行禁止のものや、検閲で削除を受けたあと発行許可になったものもあった。削除になった箇所は全部×××と伏せ字になっているので、何字削除されたか見当がついた（「一九三〇年代の留学生活」前出『わが青春の日本』）。

そのおかげで系統的にマルクス・レーニン主義を勉強できたと回想する。

留学生たちはなけなしの金をはたいて本を買うと、むさぼるように読み、中国語に翻訳して学生雑誌に発表した。『浙江潮』、『湖北学生界』、『江蘇』、『河南』など、一九一〇年代に同郷出身者たちを中心にして生まれた学生雑誌は少なくない。

留学生たちは東京で翻訳出版社も作った。「訳書彙編社」は留学生雑誌の元祖である雑誌『訳書彙編』を刊行し、ルソーの『民約論』などいくつもの啓蒙書を翻訳して掲載した後、単行本にまとめて中国でも出版した。日本に留学したばかりの留学生たちにとっても、日本理解と世界情勢を知るための必読書になり、よく売れたという。その他には『游学訳編』、『国民報』などの新聞も刊行した。日本に亡命中の知識人である梁啓超が主宰する新聞『新民叢報』、章士釗の雑誌『甲寅』などもあり、留学生たちの国内事情を知る情報源となった。

留学生が帰国後に翻訳した図書はさらに多い。大正デモクラシーの時代を反映して、社会主義関連のものでは、河上肇、堺利彦、山川菊栄、山川均、高畠素之などを中心として、欧米図書の日本語訳書から中国語への重訳や、日本語で書かれた本が翻訳されている。

ご参考のために、少々古い統計のために網羅的ではないが、譚汝謙編『中国訳日本書綜合目録』（中文出版社、一九八〇年）から、中国語に翻訳された日本語の図書総数をあげておこう。

一八九六年～一九一一年　　九百五十八冊
一九一二年～一九三七年　　千七百五十九冊

これは、一八九六年以前が八冊、一九三八年以降では百四十冊しか翻訳出版されていないことを思えば、まさに圧倒的な多さである。

また、同書によれば、一九一二年から一九四〇年までの中華民国時代に翻訳された図書総数は千八百六十六冊で、そのうち最も多い分野としては、社会科学（六百九十七冊）、文学（二百七十冊）、自然科学（二百六十四冊）、応用化学（二百五十九冊）であった。

後に文学者とした名をはせる魯迅も、日本留学時代に欧米文学の日本語訳書からの重訳に精力を注いだひとりで、ヴィクトル・ユゴー原作のエッセイ『哀塵』、ジュール・ヴェルヌの『月界旅行』、『地底旅行』、『北極旅行』、ルイ・ストロングの『造人術』など、いずれも日本語の訳書から中国語に翻訳して、中国で出版した。また文学論の「摩羅詩力説」をはじめとして、多くの文章を執筆して学生雑誌に発表し、弟の周作人《しゅうさくじん》と共訳で『域外小説集』も出版した。

魯迅が洋書を買ったのは、主として新宿の丸善が多かったが、神田表神保町にあった洋書専門店「中西屋」にもしばしば通いつめ、ドイツ語の図書や雑誌、小冊子を買い集め、重要だと思われる記事は切り抜いてスクラップブックに貼り、大切に保管したという。

いずれにしても、「町全体が古本屋という光景は、日本特有の現象だろうか。ともあれ、学生にとっては、本を買ったり読んだり、全く便利であった」と回想するのは、一九三九年から四年半日本へ留学した孫平化氏（後の中日友好協会会長）だ。

次から次と本屋を出たり入ったりして、本棚から自由に本を手に取って見ることができるし、気に入った本を安い値段で買うこともできる。あれこれさんざん見たあげく、結局一冊も買わなくても、店の主人は知らん顔をしている（「本屋街がなつかしい」前出『わが青春の日本』）。

彼は、神田の本屋街でも、とくに中国図書を扱う内山書店をとりあげ、中国国内でもなかなか手に入らない中国語の小説や哲学書、経済書などの人気図書が、日本で手軽に手に入ることに、大きな喜びを感じたと回想している。

今日では、神田の神保町も高いビル街に発展し、大通りの車の流れは激しい。だが、道一筋入ったすずらん通りの古本屋街には、今も本を見定めてそぞろ歩く人や、買ったばかりの本を手に喫茶店に腰を据える人がいる。小さな食堂や中華料理店もあちこちにある。そんな景色を眺めていると、ふと、詰襟に下駄ばき姿の中国人留学生が路地から出て来るような気がして、懐かしさを感じるのである。

第十五章　辛亥革命の後背地——日本各地に孫文伝説

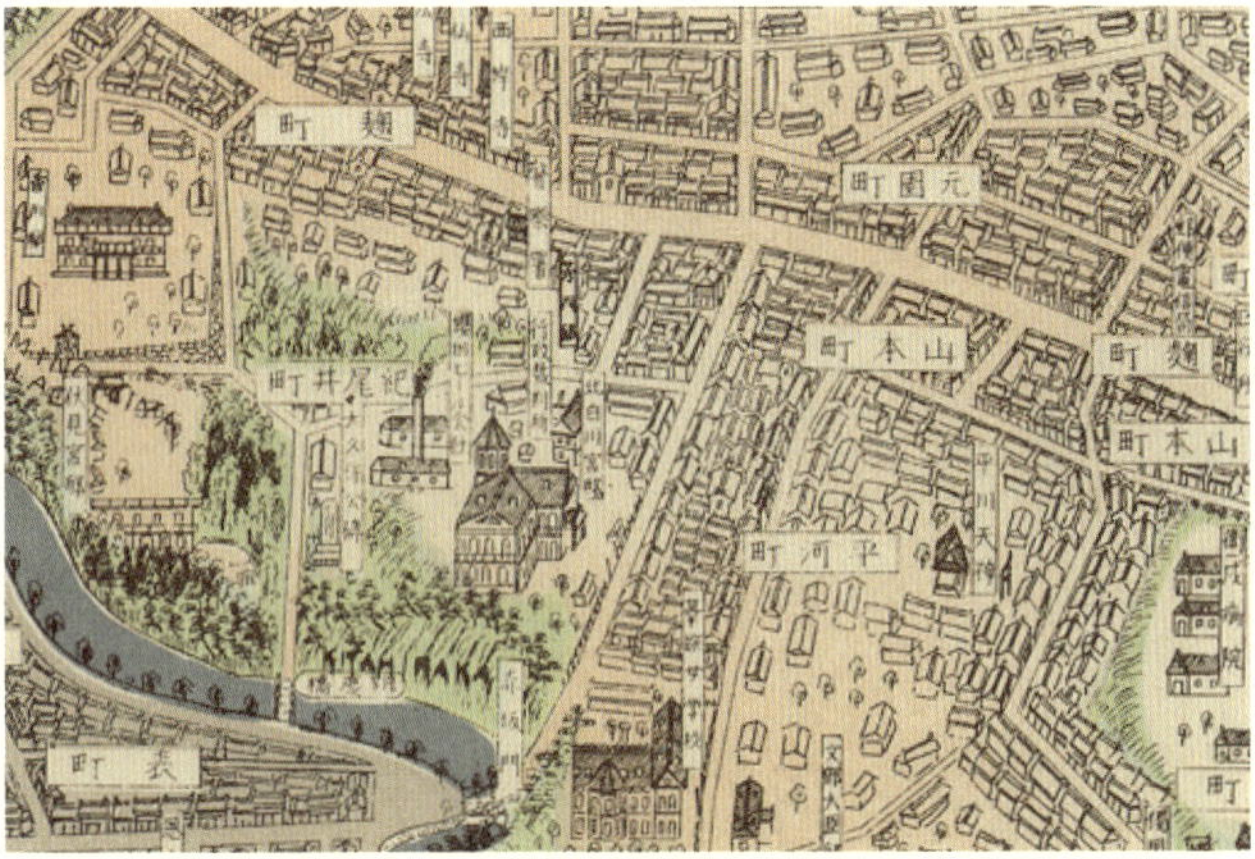

東京一目新図（明治 30 年）

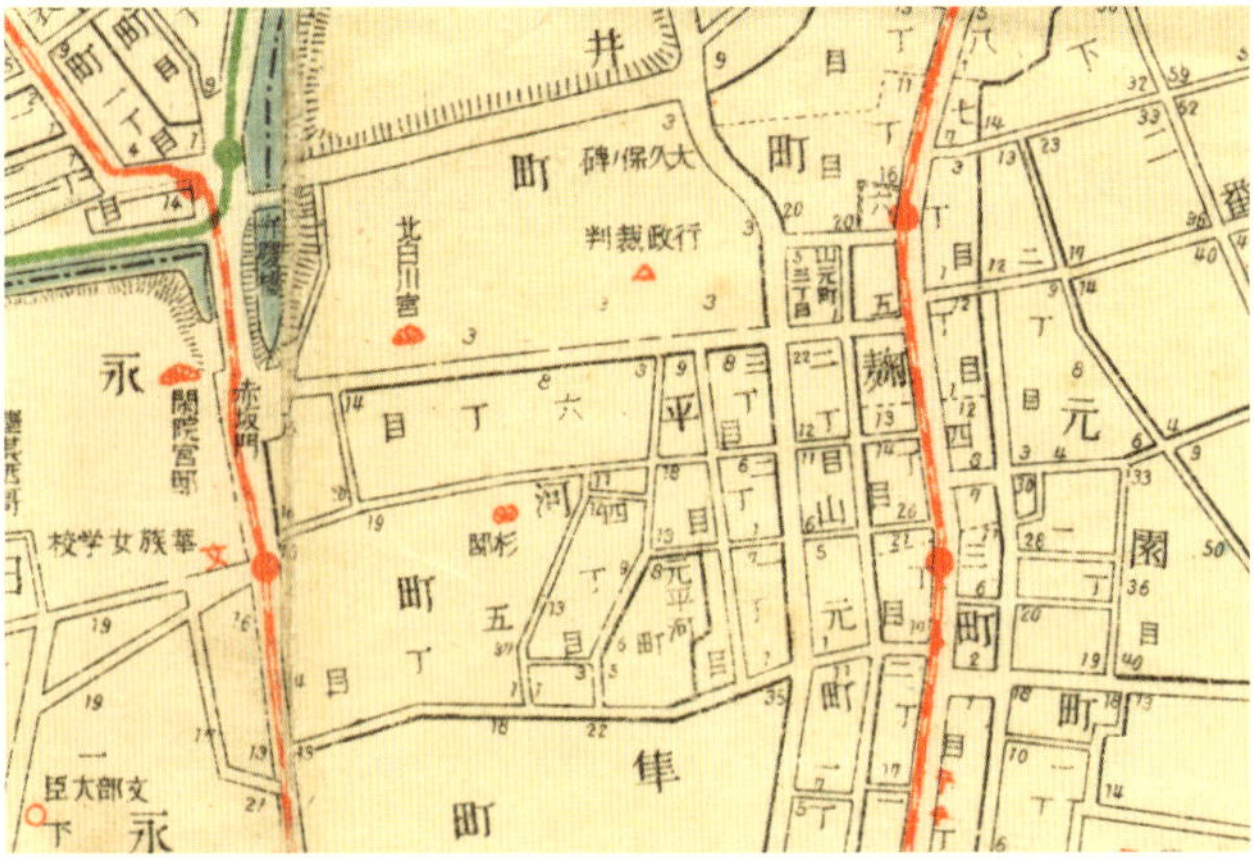

番地入東京大地図（明治 39 年）

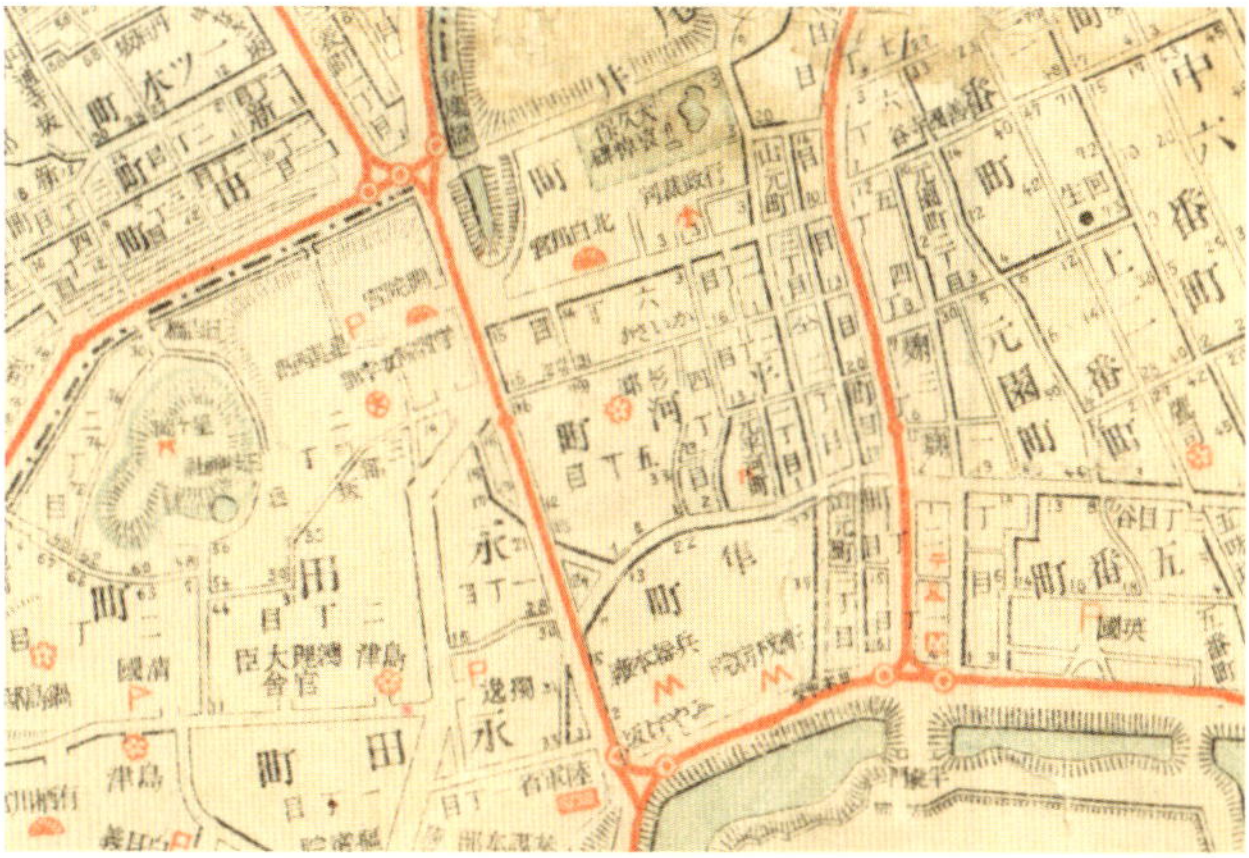

番地入東京市全図訂正 6 版（明治 43 年）

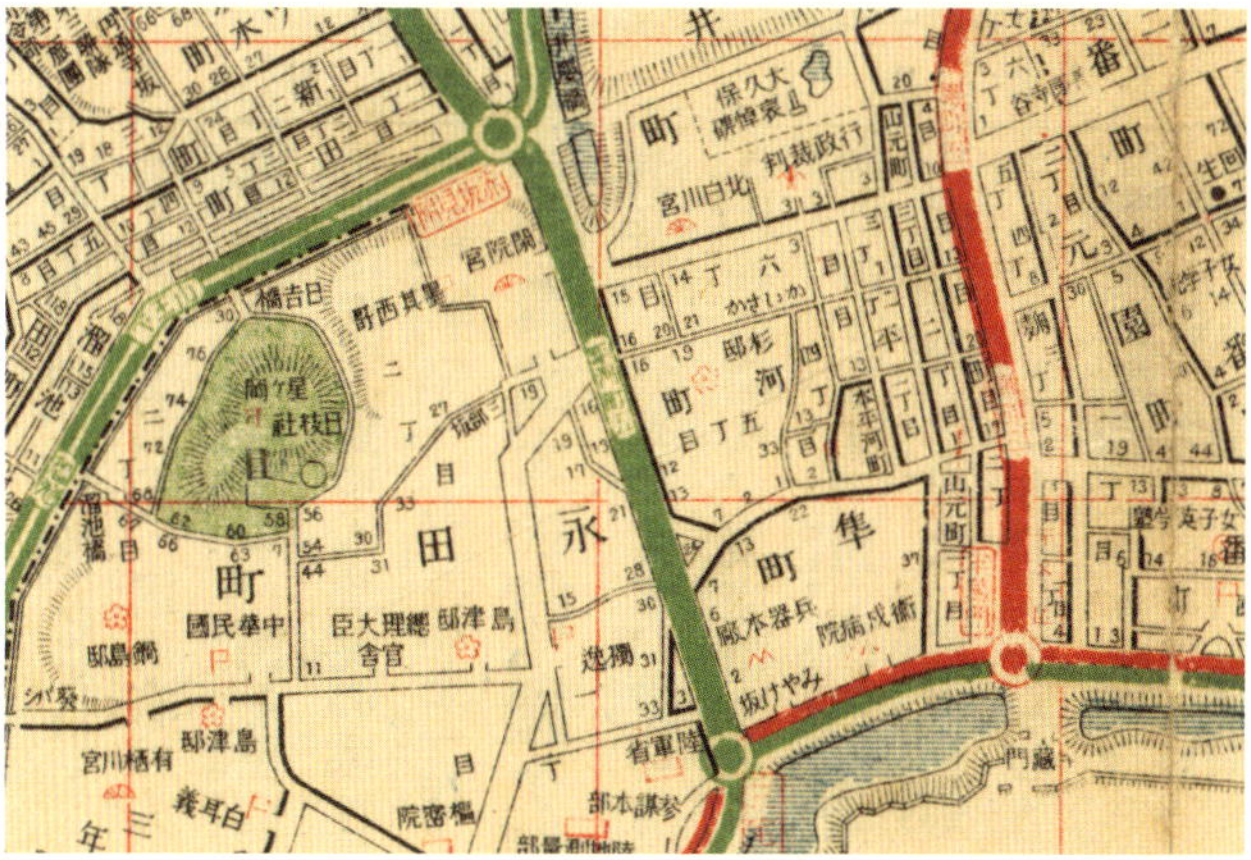

早わかり番地入東京市全図訂正第 46 版（大正 11 年）

日本には全国いたるところに孫文の逸話が残っている。

たとえば横浜――。京浜急行の京急富岡駅の近くにある慶珊寺には、「孫文先生上陸之地」と書いた記念碑がある。首相だった岸信介の揮毫で一九八四年に建立された。中華街のある横浜山下町には、華僑の支援者たちが孫文を匿った住居や店舗として、横浜市中区山下町五十二番地、同百二十一番地、同百五十六番地など七、八カ所も記録に残されている。

たとえば長崎――。熱烈な支援者だった鈴木天眼の創刊した東洋日の出新聞跡地に「孫文先生故縁之地」の記念碑がある。一九一三年に孫文が寄港した際、東洋日の出新聞は連日孫文の動向を報道したという。料亭花月で孫文のおつきの日本人たちが遊興している間、酒の飲めない孫文は隣りの鹿島屋で静かに昼食をとったという話も面白い。

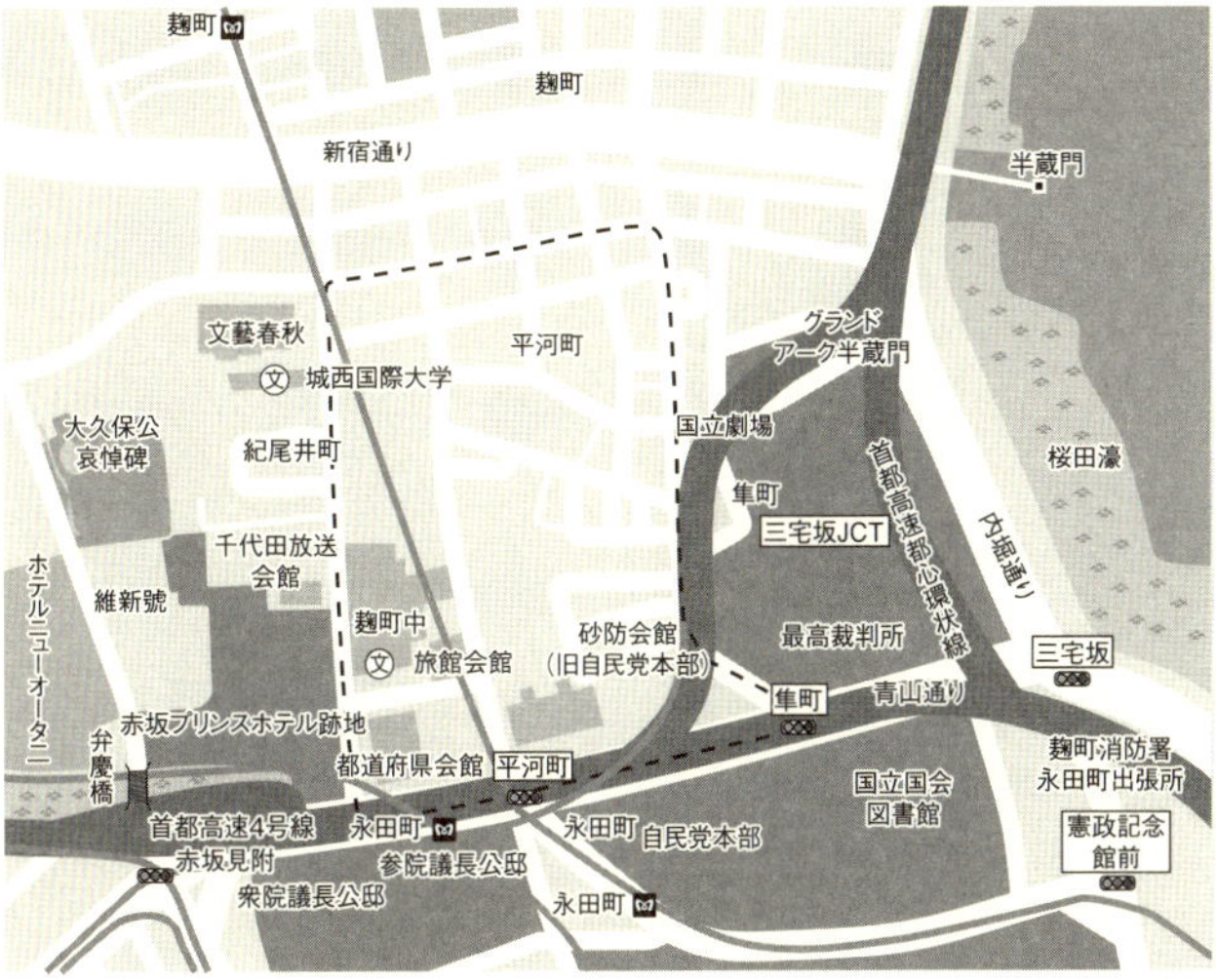

現在の平河町
閏月社作成

華僑の集会所である福建会館には、上海市から寄贈された孫文の銅像が立つ。長崎は、孫文の絶大な資金援助者であった梅屋庄吉の出身地でもある。

　下関には「孫文蓮」がある。下関市の長府庭園に咲く蓮の花のことだが、一九一八年、亡命中の孫文が革命援助のお礼に長府在住の田中隆氏に四粒の蓮の実を贈ったものを、ずっと後に東京大学農学部の付属緑地実験所で試験栽培したところ、四粒のうち一粒が発芽した。それを一九九四年に田中家の所有する長府庭園に分根して「孫文蓮」と名づけた。今でも毎年夏になると、白地に淡いピンクの縁取りをつけた蓮の花が鑑賞できる。清楚で凛とした姿は心が洗われるようだ。

変わり種としては、孫文が博物学者の南方熊楠に贈った「コケ」がある。国立科学博物館植物研究部（在、筑波実験植物園）に保管されているもので、一般公開はしていない。亡命中のハワイから、和歌山県に住む博物学者の南方熊楠に送った菌苔類の一種で、大きさは約二十センチの円形で、エノキダケの襞の部分を広げたような恰好をしている。無論、すでに百年も前のシロモノだから乾燥して退色し、原型を留めているかは疑問だ。

孫文と南方熊楠の出会いはロンドンだった。最初に起こした広州蜂起に失敗した孫文は、ハワイ経由でロンドンへ逃亡したが、そこで大英博物館の希少本を書写している南方熊楠と知り合って意気投合し、二カ月の間毎日行き来して親友になった。孫文三十歳、熊楠二十九歳の好奇心と情熱にあふれた年頃であった。医師・孫文と博学・鬼才の熊楠は、科学知識から東洋と西洋の比較、歴史や風俗習慣、アジア民族の救済に至るまで、話題は尽きなかった。

そして、神戸――。ここには孫文記念館がある。

神戸出身の華僑で豪商の呉錦堂が孫文を物心両面から支えたことを記念して、彼が所有していた松海別荘の一部を舞子浜に移築し、一九八四年に「孫中山記念館」として開設した。ＪＲ舞子駅前にそびえ立つ明石海峡大橋のたもとに広がる海の公園の突端部分にある。「移情閣」と名付けられた中国様式の六角形の建物は、広大な海と紺碧の青空に映えて見惚れるほど美しい。日本における孫文研究の本拠地ともいうべき学術研究機関でもある。

日本各地にこれほど多くの孫文に関する逸話が残っているのは、まさに壮観である。それだけ孫文が日本と縁が深かったということだろうし、日本人が今でも孫文との出会いを大切にしている証拠だろう。二十世紀前半の旅行といえば、もっぱら船旅に限られ、中国と日本を往来するには、上海―長崎―（下関）―神戸―横浜という渡航ルートが普及し、各寄港地に半日から数日間も停泊したから、きっと船客たちは下船する機会もあったはずだ。なるほど孫文の足跡が各寄港地を中心として残っているのも頷ける。

さて、孫文の経歴を簡単に見てみよう。一八六六年に広東省香山県で生まれた孫文は、字を逸仙《いっせん》、号を中山《ちゅうざん》という。中国や台湾では「孫中山」、欧米諸国では広東音で、「Sun Yat-sen（孫逸仙）」と呼ばれるが、最近は日本と同じ「孫文」という呼び方も普及してきた。

十代の頃に兄の住むハワイに渡って英語を勉強し、香港で西洋医学を学んで医師になった。だが政治に強い関心を持ち、革命結社「興中会」を組織して、一八九五年に清朝政府を打倒しようと広州蜂起を企てた。それが露見して清朝政府から指名手配され、逃走。香港から神戸、横浜経由でハワイへ逃亡し、さらにイギリスへ行った。南方熊楠と知り合ったのは、そのロンドンである。そして二年後の一八九七年、改めて日本へやってきた。

目的地は横浜であった。横浜華僑の馮鏡如らの支援を受けて、中国に近い日本の地で革命の準備を始めようと考えたのである。当時住んだ華僑の家や店舗が、冒頭にあげた住所の記録である。

幸運にも、横浜の華僑宅に滞在中、政治家・犬養毅の特命を帯びた熊本出身の志士・宮崎滔天が来訪し、東京在住の犬養毅との面会が叶った。その晩は福岡出身の志士・平山周と二人で京橋の対鶴館に泊まったが、平山周の回想によれば、宿帳に中国人の名前を書くわけにいかず、通りがかりの日比谷で見た大邸宅、中山忠能侯爵の表門にあった表札を思い出し、宿帳に「中山」と苗字を書いた。孫文がさらに「樵」と下の名前を書き添えた。日本名としては少し妙な感じがすると平山は言ったが、孫文は「自分は中国の山樵だから、これでよい」と言い張ったという（「平山周談、「中山」命名の由来、孫

文の来朝」、『犬養木堂伝』(中)、鷲尾義直編、明治百年史叢書、第七十六巻、原書房、一九八〇年)。

犬養毅は孫文を気に入り、東京に置くことにして、大隈重信を通じて東京府に申請して許可を受け、宮崎滔天と平山周に命じて住む家を探させた。

最初に引っ越したのは麴町区平河町五丁目三十番地だった。しかし中国公使館とは至近距離にあり、孫文は落ち着かなかった。というのも、ロンドン滞在時に、散歩の途中で中国人に話しかけられ、強引に中国公使館へ連れ込まれて監禁された苦い経験があるからだ。そのときは危うく清国に送還されそうになったが、ロンドンのメディアが「清国革命家の監禁事件」として大々的に報じたため救出された。ほんの一年前のことである。

間もなく、牛込区早稲田鶴巻町四十番地(現、新宿区早稲田鶴巻町五百二十三番地)にある大邸宅を借りた。松隈内閣時代に山林局長を務めた高橋琢也の所有する、七百坪の大邸宅である。東京専門学校(現、早稲田大学)から大通りを挟んだ向かい側にあり、馬場下に居を構える犬養毅の邸宅とも、つい目と鼻の先にある。平山周の語学教師という名目にして、孫文の同志の陳少白と三人で住むことにした。表札は「中山」とした。

それ以後、孫文は毎日のように犬養邸を訪問し、政治談議を交わし、夫人の手料理をご馳走になった。風呂好きの広東人らしく、訪ねると真っ先に風呂を所望し、ときには泊まっていくこともあったらしい。孫文は英語が得意だったが日本語はわからず、犬養との会話は筆談であった。

犬養毅は後に鵜飼熊吉の長時間インタビューに答えて、孫文を次のように評している。

孫が初めて日本に亡命したときは三十代の血気盛りで、言うことは理想論が多かったけれども、大局に通じ見識もあり、それに人間が頗る正直で金に奇麗で支那人臭くなく、同志に対しても親切であった（『犬養毅の世界――「官」のアジア共同論者』、犬養毅、鵜崎熊吉著、書律心水、二〇〇七年）。

犬養毅と打ち解けると、孫文支援の輪が広がった。立憲政治を主張する政界の人々と知り合い、福岡・玄洋社の創設者のひとりで国家主義運動の草分け的存在であった頭山満に紹介され、孫文は頭山の主張する「大アジア主義」に深く共感した。生活費も、玄洋社社長で炭鉱経営者の平岡浩太郎が支援してくれることになった。

三年後の一九〇〇年、清国で義和団事変が起きたのを好機とみて、孫文は革命に着手するため横浜に転居した。そして宮崎滔天、平山周、福本日南、清藤幸七郎ら日本人志士たちと図って、「日中合同」の武装蜂起を起こそうとしたが、失敗。山田良政は日本人最初の犠牲者となった。

一九〇五年、日本で中国同盟会を組織して革命勢力を結集する一方、後に『三民主義』、『建国方略』などの著書にまとめられる革命の大方針を示して、本格的な革命運動が開始された。だが、これがもとで孫文は日本を追い出された。仕方なくシンガポールを中心に、アジア各国を点々としながら、立て続けに革命を試みるが、やはり失敗。一九一一年、辛亥の年に起きた武昌蜂起が成功し、ついに「辛亥革命」を成し遂げたのである。

だが、その後も試練は続いた。孫文は中華民国臨時大総統に就任したが、清朝皇帝の退位と引き換えに、袁世凱にその地位を譲り渡して、自分は鉄道大臣に就任した。今度は中国全土にあまねく鉄道網を広げるという、「百年の大計」を夢見たのである。

一九一三年二月、鉄道大臣・孫文が懐かしの長崎、神戸、東京へ〝凱旋〟したとき、長崎では国賓待遇の歓迎式典が開かれ、御用列車にレッドカーペットが用意された。神戸に一泊したとき盛大な歓迎会が開かれたのは言うまでもない。列車が東京の新橋駅に到着すると、紋付き袴姿の政治家や財界人たちがホームで出迎えたばかりか、二千人近い人々が手旗を振って熱烈歓迎した。

ところが、日本滞在中に同志の宋教仁が暗殺された。慌てて帰国すると、袁世凱による暗殺だったと判明し、「帝政」を主張する袁世凱を打倒するため、「第二革命」を起こした。

だが失敗。日本へ亡命しようとしたが、日本政府は手の平を返したように冷たい態度で、滞在を許可しなかった。神戸で足止めを食らった孫文を匿ったのは神戸の支援者たちだった。諏訪山にある常盤花壇別荘に一週間ほど身を隠した後、支援者たちが苦心して用意した船に乗り、横浜へと航行し、闇夜に乗じて富岡海岸に上陸した。冒頭にあげた京急富岡駅近くの慶珊寺にある記念碑「孫文先生上陸之地」は、このときのものだ。孫文は上陸後、海岸に手配してあった車に乗りこみ、東京の犬養邸へ直行したのであった。

とにかく孫文はめげない人である。そしてまた起死回生の策を講じることになる。

一九一九年、国民党を組織して広東軍閥との戦いを経て、広東軍政府を樹立。一九二四年には、新興勢力の中国共産党と協力（第一次「国共合作」）してソビエト共産党の資金援助を受け、「新三民主義」を提唱して、どこまでも国民革命の実現のために突き進んだ。

最後に神戸へ立ち寄ったのは、一九二四年十一月だった。孫文が第三次広東政府を基盤に、全国統一のための「北伐宣言」を発すると、ようやく北京政府との間で「南北講和」が実現する運びになった。

孫文は上海から船で北上する途中、神戸に寄港した。「南北講和」の前に、日本で幅広い支援を求め、日本政府に対して帝国主義的な対中姿勢を改めるよう警告を発するためだった。神戸で熱烈な歓迎を受け、頭山満と二日間語り合った後、孫文は神戸高等女学校で「大アジア主義」の演説をした。

あなたがた日本民族は、欧米の覇道の文化を取り入れていると同時に、アジアの王道文化の本質をも持っています。日本が今後、世界の文化の前途に対して、いったい西洋の覇道の番犬となるのか、東洋の王道の干城《かんじょう》（外敵を防ぐ城、盾）となるのか、あなたがた日本民族がよくよく考え、慎重に選ぶことにかかっているのです

(『国父全集』第二冊、野口鐵郎編『資料中国史——近現代編』白帝社、二〇〇〇年)。

孫文は体調不良であったが、そのまま天津へ旅立ち、張作霖と面会した直後、病床に伏した。末期の肝臓癌だった。そして強行した北京で危篤に陥った。一九二五年三月十二日、孫文は多くの同志や駆けつけた日本人支援者たちに囲まれ、「革命いまだ成らず」の遺嘱を残して永眠した。享年五十八。

世界中を巡って遊説した孫文は、日本に都合十数回訪れ、通算すると九年以上滞在したことになる。今日の複雑化した日中関係を見たら、果たしてなんと言うだろうか。

おわりに　三田の話

武家屋敷跡の落ち着いたたたずまいが広がる三田の山にも、かつて中国革命の嵐が吹き寄せた。というより、留学生たちの革命運動の中心であったというほうが正しいだろう。

一九二一（大正十）年から二五（大正十四）年にかけて、慶應義塾大学経済学部に留学した陳日新は、一九〇〇年生まれの河北省出身。大学からほど近い麻布に住んで、高橋誠一郎、小泉信三らに師事して熱心に経済学を勉強した。

その傍ら、東京で国民党駐日総支部を立ち上げて、孫文の熱烈な信奉者となった。さらに「留日学生総会」の主席に就任して、帝都東京にいる一万人近い留学生たちを取りまとめ、東京帝国大学の新人会などと交流しながら、かずかずの政治運動を指揮した。物静かで優秀な留学生の中にこそ、実は学生運動のほんとうの指導者が存在していたわけである。

一九二五年、上海で起きた「五・三〇事件」をきっかけとして、全中国で民族主義的な愛国運動が盛り上がると、日本でも反日運動が盛んになり、翌年の一月、陳日新は留学生の「総帰国」運動を指揮し、自ら先頭に立って帰国していった。

その後、北京で李大釗、陳毅らと愛国活動のリーダーになり、中国共産党に入党。広州、天津、東北部の各地で活動し、中華人民共和国が誕生した後には、工商部に配属されて数十冊シリーズの『経済統計資料』を編纂した。知識の源泉は、すべて日本の留学時代に得た学術知識と書籍による新情報だった。

ところで、陳日新は後に「陳涛」と名を改めているが、本書の読者の中に、あるいはこの名前をご記憶の方がいるかもしれない。

陳涛氏は、戦後、北京の対外経済貿易大学の教授に就任し、中国ではじめて『日漢辞典』を編纂し、中国における日本語研究の第一人者として広く知られているのである。小学館発行の『日中辞典』の編纂にも携わり、日本で中国語を勉強した人も、少なからずお世話になったはずである。

朝日新聞（一九八二年二月二十八日付）に、半世紀ぶりに北京大学教授の夫人とどもに来日した陳涛氏の記事が掲載された。夫人の張京先女史もかつて奈良女子高等師範学校の留学生だった。

新中国の誕生当初は、ロシア語一辺倒で、日本語に興味を示す人は少なかった。私と妻、友人たちが『広辞苑』などを参考に、コツコツと編纂したものです。見出し語は八万語。初版は一九五九年だが、昨今のものすごい日本語熱で、まだまだ売れています。しかし、これでも時代の要請にこたえられない。生涯の仕事として『日漢辞典』を本格的に改訂して、完ぺきを期した『日漢大辞典』の編さんを手がけたいと思っています。

八十歳になってもなお意気軒昂な陳涛氏の意欲をかきたてたのは、慶應義塾大学で学んだときの恩師、高橋誠一郎・慶應義塾大学名誉教授が、九十歳になってもなお大学院のクラスで教えているという消息を知ったからだった。

帝都東京での留学生活の思い出は、五十年の月日を経ても色あせず、地道な努力と強靭な意志のもとで『日漢辞典』と『日中辞典』に結実した。優れた辞書は「万言」を費やす演説や握手にも勝る。今後もいっそう良好な日中関係を結びつけるために、大きな力を発揮するだろう。

本書はもともと早稲田大学大学院の劉傑教授のゼミナールで、大学院生たちと東京を散策するためのガイドブックを作ろうという話から持ち上がった。そのため、当時早稲田大学博士課程に在学中だった島田大輔氏（現在は早稲田大学招聘研究員）、ならびに同博士課程に在学中の井上光氏が全面的に現地調査に協力してくださった。この場をお借りして、感謝の言葉をお伝えするとともに、特に記しておきます。

本書の執筆にあたり、京都大学の石川禎浩教授から貴重な資料をご提供いただだいた。本郷・麟祥院のご住職・矢野宗欽氏には多大なご協力をいただだいた。中国料理店『維新號』の三代目経営者の鄭東耀氏には創業当時の貴重なお話を伺い、資料も提供していただいた。早稲田大学の劉傑教授には日頃から活発なゼミに参加させていただき、大学院生との刺激的な知的交流を深めさせていただだいた。ここに厚く御礼申し上げます。

本書は、白水社のホームページに『帝都・東京を中国革命で歩く』と題して、一年半にわたり連載したものに、大幅な加筆・修正をしてまとめたものである。ホームページ担当の小林圭司氏には厚く御礼申し上げます。単行本の執筆にあたっては、竹園公一朗氏に担当していただき、遅筆な私を叱咤激励してくださり、頻繁に連絡をいただいたおかげで、ようやく最後まで漕ぎつけることができた。ここに改めて御礼申し上げます。

今後のよりよき日中関係を期待して

二〇一六年六月吉日

譚璐美

著者略歴
譚璐美（たん・ろみ）
作家。東京生まれ。本籍中国広東省高明県。慶應義塾大学文学部卒業。同大講師、中国広東省中山大学講師を経て、現在、慶應義塾大学文学部訪問教授。著書に、『中国共産党を作った13人』（新潮新書）、『柴玲の見た夢』（講談社）、『新華僑　老華僑』（文春新書、共著）、『阿片の中国史』（新潮新書）、『日中百年の群像　革命いまだ成らず』（上下巻、新潮社）ほか、多数。

帝都東京を中国革命で歩く

二〇一六年　七　月一五日　印刷
二〇一六年　八　月一〇日　発行

著　者 ©　譚　璐　美
発行者　及　川　直　志
印刷・製本　図書印刷株式会社
発行所　株式会社　白水社

東京都千代田区神田小川町三の二四
電話　営業部〇三（三二九一）七八一一
　　　編集部〇三（三二九一）七八二一
振替　〇〇一九〇・五・三三二二八
郵便番号　一〇一・〇〇五二
http://www.hakusuisha.co.jp
乱丁・落丁本は、送料小社負担にてお取り替えいたします。

ISBN978-4-560-09250-7
Printed in Japan

▷本書のスキャン、デジタル化等の無断複製は著作権法上での例外を除き禁じられています。本書を代行業者等の第三者に依頼してスキャンやデジタル化することはたとえ個人や家庭内での利用であっても著作権法上認められていません。

白水社の本

台湾海峡一九四九

龍應台 著／天野健太郎 訳

時代に翻弄され、痛みを抱えながらこの小さな島に暮らしてきた「外省人」と台湾人。〝敗北者たち〟の声に真摯に耳を傾け、彼らの原点である一九四九年を見つめ直す歴史ノンフィクション。

覇王と革命　中国軍閥史一九一五―二八

杉山祐之 著

袁世凱統治の末期から張作霖爆殺まで、各地の群雄が権謀術数をめぐらせ、三国志さながらの興亡を繰り広げた軍閥混戦の時代を、ベテランの中国ウォッチャーがダイナミックに描く。

ネオ・チャイナ　富、真実、心のよりどころを求める13億人の野望

エヴァン・オズノス 著／笠井亮平 訳

貧困と政治の軛から解き放たれ、人びとはカネと表現の自由と精神的支柱を求めはじめた。一党独裁と人民との相剋を描いた傑作ルポ。

中国　消し去られた記録　北京特派員が見た大国の闇

城山英巳 著

繁栄の裏で何が起きているのか？天安門事件から陳光誠脱出劇まで、ボーン・上田賞、アジア・太平洋賞受賞記者が実像に迫る戦慄のルポ。